U0616134

国内外知识服务
典型案例

赵瑞雪　罗婷婷　武丽丽　黄永文　编著

科 学 出 版 社

北 京

内 容 简 介

大数据环境下，传统信息服务越来越难以满足用户日益增长的深层次、个性化需求，因此如何更加合理、高效地汇聚、融合多源异构科技大数据资源，并与多类型、多层次知识发现技术相结合，构建大数据驱动的新型知识服务系统，是图书馆等信息服务机构面临的挑战，也是其进一步优化知识服务体系、提升服务质量的重大机遇。本书在梳理、阐述知识服务的含义、服务模式、新需求、关键技术的基础上，剖析了国内外 11 个主流知识服务平台案例和中国工程科技知识中心 45 个知识服务实践案例，并归纳总结出国内外知识服务的显著特征，提出下一步开展知识服务工作的几点启示与建议。

本书具有较好的适用性和实用性，可供从事知识服务的企业、科研机构等相关人员阅读和参考。

图书在版编目（CIP）数据

国内外知识服务典型案例 / 赵瑞雪等编著. — 北京:科学出版社, 2023.1
ISBN 978-7-03-073560-7

Ⅰ. ①国⋯ Ⅱ. ①赵⋯ Ⅲ. ①知识经济 – 咨询服务 – 案例 – 中国
Ⅳ. ①C932.6

中国版本图书馆CIP数据核字（2022）第192282号

责任编辑：石　卉　吴春花／责任校对：韩　杨
责任印制：赵　博／书籍设计：北京美光设计制版有限公司

科 学 出 版 社 出版
北京东黄城根北街 16 号
邮政编码：100717
http://www.sciencep.com
北京建宏印刷有限公司印刷

科学出版社发行　各地新华书店经销
*
2023 年 1 月第　一　版　开本：787×1092　1/16
2024 年 3 月第二次印刷　印张：12
字数：270 000

定价：158.00 元
（如有印装质量问题，我社负责调换）

《国内外知识服务典型案例》
编委会

顾　问：陈左宁　刘　旭

主　编：赵瑞雪　罗婷婷　武丽丽　黄永文

编　委：鲜国建　寇远涛　蔡志勇　王忠明　韩　伟　李　娇

　　　　叶　飒　朱　亮　杨雅萍　乐夏芳　周　峰　宋丽丽

　　　　王　永　郑建华　张丹丹　唐广波　曹　悦　肖甲宏

　　　　王姣姣　陈正坤　田亚峻　王娜娜　邓　莉　赵红莉

　　　　张洁雪　刘德兵　李　清　李春萌　侯　丽　何洪优

　　　　孙英泽　刘宇飞　罗丹青　张　引　唐凌天　边　媛

　　　　郭鹏远　张　丽　李雪山　李敬华　周　静　王卷乐

　　　　袁月蕾　刘　俊　王　薇　徐国仙　延建林　曹建飞

　　　　陈　岩　范旭辉　方　颖　张　晔　翟　曦　曹雨晴

　　　　陈博立　张云玲　马玮璐　范可昕　龙超然

序

知识服务是根据用户提出的问题和问题环境，采用信息搜集获取、分析加工、组织挖掘等方法，提供特定问题解决方案的一种应用型服务，同时也是一种目标驱动的、专业化的、动态的智力密集型服务，其实施是一项复杂而系统化的工程。知识服务以先进的理念为指导，以安全可靠的信息基础设施为依托，以完备的知识资源为基础，以专业化的服务队伍为纽带，以强大的信息技术为支撑，在相关标准规范和政策机制保障下，面向科技创新主体提供增值服务。

由中国工程院承担建设的中国工程科技知识中心，是国家工程科技领域公益性、开放式的知识资源集成和服务平台建设项目。该项目联合国家各部委情报所、行业信息中心、国内重点高校、大型国有企业等机构，探索研发了多维度、多类型、多层次和多形态的工程科技知识服务系列产品，并面向多类型用户开展了个性化、定制化的知识服务，支撑了我国工程科技事业发展和国家新型高端智库建设，向国家工程科技领域重大决策、重大工程科技活动、企业创新与人才培养提供了信息支撑和知识服务，有效助推国家科技创新驱动发展战略。

在中国工程科技知识中心近 40 家协建单位的鼎力支持下，编写组广泛调研国内外知识服务典型案例，系统梳理分析国内外知识服务领域最新进展和最佳实践，并经过多层次、多角度的专题研讨与专家咨询，历经多轮修改和完善，最终形成《国内外知识服务典型案例》一书。该书具有较好适用性和实用性，可为对知识服务感兴趣的广大读者提供借鉴。

该书主要包括绪论、主流知识服务平台案例、中国工程科技知识中心知识服务实践案例、总结与启示四个部分。首先，针对国内外具有影响力、代表性的 11 个主流知识服务平台案例，从概念、特点、核心功能等方面进行详细分析、梳理与展示；其次，优选出中国工程科技知识中心 45 个知识服务实践案例，并按照功能特点分为知识分析、知识工具、专题三大类型，从功能亮点、数据基础、关键技术、服务群体、服务效果等方面，对每个案例进行详细分析与展示；最后，归纳、总结国内外知识服务的显著特征，提出下一步开展知识服务工作的几点启示与建议。

该书较为全面地梳理和总结了国内外知识服务最新实践的典型案例。该书的出版可喜可贺，希望能为推进大数据智能环境下的新型知识化服务提供启迪和参考，促进、指导和支撑中国工程科技知识中心各协建单位在知识服务领域的进一步发展。

中国工程院院士

2022 年 3 月

目 录

第 1 章

绪 论

1.1 知识服务的含义

知识服务最早由国外企业界从知识管理角度提出，被看作知识管理概念的发展和延伸，认为知识服务关注的是将用户从海量信息中解放出来，使其能够直接获取所需服务。Clair（2001）明确指出专业图书馆最新发展趋势即开展知识服务，他认为图书馆员和信息专家应在新趋势下为用户提供创新的、获取知识的知识服务。UNDP（2014）认为知识服务是建立在全球知识技术形态上的建议、专家意见及经验，用以帮助请求者获得问题的最好解答。

国内对知识服务基本概念的研究主要集中在图书情报领域。张晓林（2000）较早提出了知识服务的概念，认为图书情报服务的核心能力在于知识型服务，知识服务是以信息知识的搜寻、组织、分析、重组能力为基础，根据用户的问题和环境，融入用户解决问题的过程，提供能够有效支持知识应用和知识创新的服务。他的定义注重知识服务的整个过程和用户的感知，强调知识服务是一种互动性和创新性的服务。姜永常（2001）认为知识服务是基于分布式多样化动态资源、系统，融入用户和用户决策过程中，开展的专业化和个性化的服务，是从知识捕获、析取、重组、创新、集成到应用的全程一体化服务。张秀珍和裴非（2002）在《网络环境下的知识服务》一文中，首次将信息技术、人工智能（artificial intelligence，AI）研究等元素引入知识服务的概念中。孙成江和吴正荆（2002）在《知识、知识管理与网络信息知识服务》一文中，首次提出应将体验式服务纳入知识服务，如用户讨论组、互动在线课堂、多媒体实习，提供程序化、系统化的知识服务。

戚建林（2003）则从广义和狭义两个方面给出了定义：从广义上讲，知识服务是指为用户提供所需知识的一切服务；从狭义上讲，知识服务是指针对用户专业需求，以解决问题为导向，对用户提出的问题进行相关知识搜集、筛选、对比分析，最终支持用户应用的一种较深层次的智力服务。他指出，知识服务要解决的是用户在获取知识过程中的体验，必应贯穿于解决问题的全过程。田红梅（2003）认为知识服务是指从各种显性和隐性信息资源中，针对人们的需要将知识提炼出来并传输出去的过程。黎艳（2003）认为知识服务向用户提供经过智能化处理的符合用户需求的知识产品，包括知识信息、知识挖掘手段及问题解决方案。

靳红等（2004）认为，知识服务融于用户解决问题的过程中，根据用户的问题和环境，在用户最需要的时间将最需要的知识传送给用户。罗彩冬等（2004）认为，知识服务通过整理、组配、提炼可以利用的各种显性和隐性信息资源，使知识有序化，从而便于解决特定实践应用问题。刘秀兰（2004）认为，知识服务是指从各种显性和隐性信息资源中，针对人们的需要将知识信息加以收集、整理，以利于人们理解和应用知识信息的过程。李霞等（2007）从知识和服务两个角度分析，认为知识服务是一个满足客户不同类型知识需求的服务过程，即知识服务提供者凭借其具有的高度专业化的知识，在充分挖掘客户需求的基础上，结合组织内外搜集、整理的信息与知识，进行知识创新，并借助适当的方法和手段，在与客户交互的过程中，帮助客户获取知识、提高客户解决问题的能力、帮助客户理性决策，或者直接帮助客户解决问题。

贾玲（2013）从知识与信息的关系出发，认为知识服务是信息服务的高级表现形式，是建立在知识管理的基础上，利用信息技术，满足用户个性化的知识需求，实现知识增值的服务创新。柯平（2019，2020）认为知识服务是知识型、知识化服务，是信息服务高层次阶段，并提出信息服务时代、前知识服务时代、后知识服务时代构成了知识服务转型发展的历史轨迹。实际上，刘昆（2007）此前就已提出知识服务是以资源建设为基础的高级阶段的信息服务，具有知识挖掘、隐性知识显性化、个性化服务、知识管理等特征。

综合来看，学术界虽未针对知识服务提出明确一致的概念，但对其核心内涵的认知趋同，即知识服务是一种用户导向的应用型服务，其在不断进步的服务理念指导下，面向特定需求，依托安全可靠的信息基础设施，由专业化的服务队伍采用强大的信息技术，按照相关标注规范，对资源进行搜集获取、分析加工、组织挖掘，形成特定问题的解决方案，为科技创新主体提供增值服务，总体上属于一种目标驱动、专业化、动态的智力密集型服务。

1.2 知识服务的服务模式

国内外学者在服务模式上的研究有较大差异。国外学者主要从用户角度进行研究；国内学者则对知识服务模式提出不同的分类，如从文献情报的角度进行分类，基于服务宗旨或知识服务效果进行分类，以面向知识服务的信息分析为切入点进行分类等（王曰芬等，2018）。

国外学者对数字图书馆知识服务及其模式的研究侧重于应用实践，更加关注知识服务的技术、系统、战略规划以及行动等问题。Kuusisto 和 Meyer（2003）认为知识密集型服务活动指所有以知识或专业知识为基础的服务，这些服务可由公司内部、公共部门、私人部门及以提供知识密集型服务为主要业务的网络组织机构提供。Rath 等（2008）认为知识服务主要包括向用户集中提供、满足其任务完成所需的知识服务，基于上下文进行的知识检索服务三种形式，以及在不同人之间共享工作任务所需要的知识服务。Clair 和 Levy（2020）认为知识服务可作为一种管理模式，从集成信息管理、知识管理和战略学习到更宽泛的企业业务功能。

针对知识服务模式，国内学者分别从运营模式、基于系统的知识服务、知识服务的效果、知识服务发展模式等角度来探讨。张晓林（2000）将图书馆的运营模式总结为基于分析和内容的参考咨询服务模式、专业化的信息服务模式、团队化的信息服务模式、知识管理的服务模式及个人化的信息服务模式五种。实际应用中，可将这五种服务模式进行动态组合。他强调，新时期数字图书馆知识服务是以文献编目、检索、流通阅览为基础，将传统图书馆服务作为后台辅助，来支持数字图书馆的知识服务。田红梅（2003）提出，图书馆知识服务运营模式包括知识信息导航、知识信息咨询服务、专业化个性化的知识服务、集成化的知识服务以及共建共享知识资源等。李家清（2004）将图书馆知识服务模式归纳为层次化的参考咨询服务模式、个性化定制的知识服务模式、专业化的服务模式、垂直服务模式、知识管理服务五种模式。陈红梅（2004）设计了用户自我服务、实时在线沟通式服务、专家知识服务三种基于数字图书馆知识服务系统的服务模式。庞爱国（2005）认为数字图书馆知识服务方式包括融入读者与读者决策过程中的知识服务方式、基于分布式多样化的动态资源与系统、基于自主与创新的知识服务、专业化与个性化的知识服务以及综合集成的知识服务五个方面。夏立新等（2008）基于知识供应链思想，引入用户参与理念，并根据用户目标的不同，提出主动式、被动式和互动式知识服务模式。王芹（2009）提出数字化的参考咨询服务和专业化的用户信息系统服务两种数字图书馆知识服务模式。数字化的参考咨询服务模式主要包括专家式、异步式（邮件答复）、交互式（网络会议）以及合作式；专业化的用户信息系统服务模式包括个性化定制服务模式、智能化学习服务模式及专业化项目服务模式。现代化数字图书馆知识服务可充分挖掘隐性知识，运用智能代理、导航库、网络搜索引擎等现代科技手段，实现知识服务深度和广度方面的提升。麦淑平（2010）提出了六种知识服务模式，即学科信息门户服务模式、专业化的知识服务模式（如建立专业网站、提供专题服务、定题服务）、个性化定制的知识服务模式、层次化的参考咨询服务模式（将用户知识需求收集整理后，按照不同的标准划分为多个不同的层级，再进行解答，给出问题解决方案）、虚拟咨询的团队知识服务模式、自助式的知识服务模式（图书馆服务人员根据工作经验，面向用户层次低且重复性大的知识需求，采用自助式的方法为用户提供知识服务）。王波（2019）将知识服务分为学科导航、数据管理、检索提示、出版与版权保护、个性化推荐五种服务模式。

1.3 知识服务的新需求

　　大数据环境下，如何适应和满足用户新需求，更加合理、高效地汇聚融合多源异构科技大数据资源，并与多类型、多层次知识发现技术相结合，构建大数据驱动的新型知识服务系统，是图书馆等信息服务机构面临的挑战，也是优化知识服务体系、提升服务质量的重大机遇。

1. 新兴信息技术催生出语义型和知识型的科技文献利用和服务模式

　　随着语义网、大数据、人工智能技术等新兴信息技术的不断发展与成熟，深度学习、认知计算、知识抽取已经成为科技文献资源开发利用的核心驱动力，以知识发现与知识计算为核心的知识服务系统呈现蓬勃发展之势。大数据环境下的信息服务正经历从基于词语检索的信息集成服务模式向基于语义的知识发现服务模式转变，基于各类科技文献大数据的内容挖掘、语义搜索、情报分析、舆情监测、态势跟踪、数据驱动决策分析成为知识处理和知识服务的发展重点。国内外信息服务机构开始从语义层面推进科技文献大数据资源的汇聚融合，加强知识图谱、语义关联等技术的应用，实现多源异构科技文献资源的全面汇聚、知识组织与关联融合，并紧密结合国家重大战略、科技创新和管理决策需求，提供综合科技文献大数据资源保障，以及个性化、深层次、智能化的语义检索和知识问答服务。

2. 科技创新呈现多方面的战略性需求

　　彭以祺等（2016）指出科技创新发展要求扩展科技信息保障与服务，深化知识组织与知识服务能力。在复杂和变化的科技创新过程中，面对海量的科技信息，要快速准确地把握趋势、研判问题、揭示关系、变革思路、创新设计、协调创新活动等，必须超越简单的文献检索与提供服务，提供关于发展趋势、竞争态势、知识网络、创新路径、解决方案、创新绩效等方面的分析，支持科技决策者和科技创新人员高效率地设计、组织和评价创新活动。这对科技信息服务提出了新的要求，既要求知识化地组织海量信息资源、支持大数据分析，又要求加强基于大数据分析的情报研究、支持针对用户问题和基于深度分析的个性化知识服务，借助海量信息提供对科技和产业发展战略的分析研判、支撑中高层科技决策。

　　面对新形势下的科研工作特点与科研用户的信息需求，拥有丰富社会知识和信息资源的文献服务机构，作为知识创新体系中不可分割的重要组成部分，应充分发挥专业优势，通过对文献的组织、加工、整理、分析和研究，使用户在此基础上进一步创造出更多的精神和物质财富，为知识创新提供有力的信息保障，从而促进知识的创造和生长，促进知识经济的发展和社会的全面进步（钟金梅和钟梦姣，2001）。因此，面向专业学科领域的科学家、创新团队、重点实验室、课题组等科研创新主体，围绕整个科研过程，构建提供知识资源、知识管理、知识共享、知识交流、知识协同等知识服务一体化的科研信息环境，实现虚拟科研环境、科技信息资源、用户个性化知识资源和知识服务的综合集成，是密切跟踪一线科研人员的信息需求、把信息服务嵌入到用户科研过程、支持用户科研交流与共享、实现知识服务创新、支撑科技创新的有效途径。文献服务机构应从科学研究的方向与视角出发，对专业领域（即学科领域）的信息资源、知识组织与服务展开研究探讨，以寻求能够满足当今科研人员资源与服务需求的内容、方式与途径，为国家科技创新提供优质的资源保障与先进的服务支持。

3. 面向问题解决、专业化、集成化、精品化、知识化的服务需求

基于网络的各类科技文献信息服务系统的大量出现，极大地方便了科研人员进行科技文献的获取，但当前科研用户已不再满足简单的文献查找和获取。面向学科发展与科研过程中复杂多变的情报需求，科研用户对深层次的面向问题解决的学科竞争情报服务需求更加迫切。作为图书情报领域人员，应该设法帮助科研人员及时获取专业领域国内外研究的现状、跟踪监测国内外研究对象的最新情报、了解该学科在国际上的研究实力以及学科发展态势等情报信息，为科研人员全面准确地了解并开展接下来的科学研究工作指明方向、提供服务支持。

4. 一站式学科性 / 专业性知识服务平台需求

数据密集型的科技创新对数字科研平台建设提出了更高、更迫切的需求，科研人员多样化、个性化、专业化的服务模式需要专业的知识服务平台进行支撑。科研人员对资源（如科技文献、政策法规、新闻资讯、科研数据、专利、标准、事实型数据、动态、统计数据、年鉴、分析报告、科技综述、国内外研究成果、课件、会议录等）的需求越来越多样化。但是，这些资源分别以不同的形式、载体分散于国内外不同的机构、网站甚至个人手中，获取资源耗时耗力，这就加大了科研用户对资源汇集、专业化、一站式的服务需求。一站式服务平台可以为科研人员随时随地提供学科知识服务，为科研用户检索和查找资源节省时间，提高效率，为实现科技创新提供友好的科研平台与环境。

开放知识服务平台的建设可以充分释放科技知识资源的数据价值，提高各细分学科内资源的活力及流通效率。智能嵌入式的知识服务模式及内容，应为科研创新全过程及科技成果转化提供精准优质知识资源的及时获取与有效决策支撑。开放知识服务平台应面向学术及社会化用户提供多终端、融媒体覆盖的新型智能知识服务，逐步推动知识服务过渡到开放协同、动态知识交流的知识生态。

1.4 知识服务涉及的关键技术

智能时代用户消费需求的升级倒逼供需两侧深度融合催生新业态，这需要信息服务机构对多维多源文献大数据进行知识挖掘、筛选、加工、组织、聚合，形成可直接利用的体系化、系统化、碎片化、动态化、网络化的知识大数据（张宏伟等，2019），并为面向业务场景的知识创新、学习以及知识产品的生产、传播、利用提供各种先进的支撑平台和技术手段。面对互联网技术的快速普及与大数据技术全面兴起的态势，科学研究范式、知识形态、知识获取、知识交流及处理机制面临巨大的挑战，传统的知识服务模式必然向多样化、与新技术相结合的动态网络化、数字化及社会化的知识服务模式转变（王曰芬等，2018）。

知识服务涉及的关键技术主要指知识服务系统的建设所需要的核心支撑技术，涉及以信息理解技术为基础的数据/信息/知识提取、表示、组织、挖掘等知识技术，主要包括中文文本分词、概念术语识别、文本自动处理、文本内容挖掘、本体、知识库、信息可视化、个性化推荐等（王曰芬等，2018）。

新一代开放知识服务系统，除了需要上述关键技术之外，还需要突破和集成优化的关键技术，如语义知识表示技术、大规模语义知识库构建技术、认知计算技术、知识计算技术和可视化交互技术等。

1. 语义知识表示技术

以科技文献为来源和核心对象，构建知识单元语义描述模型和知识属性体系，知识单元类型包括科学问题、科学假设、科学原理、技术与工艺、材料与方法、实验与数据、分析与结论等。采用各类知识单元语义关联的知识组织方法（如基于 hrLDA 主题模型和 word2vec 神经网络模型无监督本体学习方法），建设受控词表系统、领域本体、知识图谱等。

2. 大规模语义知识库构建技术

为数据赋能、释放数据价值、提升数据资产管理能级以及知识内容的碎片关联和智能化，是提升领域创新及知识服务能力的关键一环，其中语义知识库自动构建技术发挥着尤为重要的作用。大规模语义知识库构建主要是基于科技文献、科学数据等多类型资源的大规模数据进行语义知识、语义关系等的构建，包括多源异构大数据融汇治理、基于特征测度的领域分析文献集构建、基于词向量扩展的数据集构建、语义知识库自动学习与进化更新、基于科学计量学的嵌入式知识源质量评价、可动态扩展的知识单元及其语义关系存储等，建立以语义知识组织系统和用户问题融合为标注语料的知识单元概念识别、实体发现、属性预测、实体关系抽取、关联等任务所需的深度学习技术策略。

3. 认知计算技术

认知计算更加强调机器如何能够主动学习、推理、感知世界，它会根据环境的变化做出动态的反应。认知计算技术可以有效支持智能问答，实现人机交互模式下用户认知意图的精准刻画和机器自动问答，覆盖从信息采集、意图精炼、问题完善、语料获取、深度洞察到探索式分析的认知计算完整迭代过程。核心技术包括结合上下文识别问句中的实体和术语、指代消歧、实体链接，融合深度学习和知识图谱实现对领域知识库的答案检索等。

4. 知识计算技术

知识计算技术主要包括核心观点抽取、核心知识抽取、给定关键关系及其实体抽取、协同推理、基于共现和共引的合作关系分析、多重因子自适应排序、用户增强画像、知识演化分析、基于科学计量学的质量推荐等关键技术，实现语义特征的可计算，以及多类型多模态数字资源的关联计算与多维挖掘分析。该技术支持知识图谱驱动的检索意图智能理解、认知搜索、领域知识画像和研究侧写、技术演化预测、领域发展态势分析预测和智能知识问答等。

5. 可视化交互技术

可视化交互技术主要指知识网络可视化呈现技术，以及递进式、探索式知识发现的可视化交互技术，包括基于主题与范畴分类、领域本体和知识图谱进行关联的知识网络动态交互呈现，交互式宏观与微观知识分析，基于语义知识库和领域本体的人机交互可视化协同推理，可用于实现知识演化进程、前沿发展态势、技术成熟度曲线、科技竞争力、主题分布与热点迁移、关键事件及关系展示、研究者集群及机构集群分析、交叉学科分析、知识点与文献互动分析、学科关键关系挖掘与展示等知识可视化应用。

6. 认知搜索与语义智能检索引擎

相较传统检索方式仅给出文献链接列表信息，认知搜索与语义智能检索引擎通过多粒度知识组织方式和基于语义的知识聚合方式，可大幅降低用户信息检索成本并减弱对用户搜索能力专业性的要求。用户以自然语言表达自身检索需求，检索系统通过一定规则的需求描述模型来抽取用户需求概念，建立用户需求概念与知识元间的映射，从而聚集相关资源内容，并向用户返还知识元（细粒度）、知识单元（中粒度）、知识集群（粗粒度）三种粒度层次的知识，使用户获得所需的知识服务（陈燕方，2018）。

7. 基于知识图谱的知识导航技术

知识图谱为提升知识导航服务的质量和效率提供了新的可能。它把人的思维模式应用到知识导航中，降低使用者的知识检索成本，同时提升知识导航的服务质量。知识图谱中表示互联网信息的形式更接近于人类的认知形式。基于知识图谱的知识导航技术可以对用户的检索内容进行语义推理，精准分析用户知识需求，快速帮助用户找到所需知识。知识导航技术通过知识图谱来对知识内容进行组织，提供知识结构的可视化导航。应用知识图谱进行知识组织与管理，实现语义的表达和识别，并通过逻辑推理机制，根据用户的思维方式实现知识导航，把人的思维模式应用到知识导航中，更好地体现人机交互，同时借助可视化的导航界面帮助用户更全面地理解知识内容（朱鹏，2019）。

8. 智能问答技术

知识图谱给智能问答带来了活力。结合领域知识图谱和多场景多模态交互技术，突破传统的问答模式，通过提问语义智能转换引擎、检索和智能匹配引擎、基于知识图谱的深度推理引擎、任务槽填充引擎来实现智能问答服务。智能问答主要包括融合知识的话语理解、问句语义解析以及基于相关事实生成自然语言句子形式的答案等。

第 **2** 章

主流知识服务平台案例

2.1 Yewno 知识发现工具

2.1.1 概述

Yewno（https://edge.yewno.com/）是由 AI 驱动的知识发现工具，提供能够将数据转化为行动和新见解的信息框架，即可以将数十亿文档，多种来源和多种语言连接起来，利用 Yewno 的推理引擎和计算语言学将非结构化数据整合为知识，使用高速、可扩展的计算技术和图论快速、大规模地支持决策，使用户能够跨多个主题导出推论，从而使他们能够分析复杂的问题并更快地获得更好的结果。截至 2021 年，Yewno 涉及金融、教育、出版、政府、生命科学等领域，并拥有丰富的数据资源，主要包括1000 万件以上的全球专利，1100 万份以上的公司备案，7100 万篇以上的新闻文章、2500 万篇以上的科学文章以及大量股票价格信息。Yewno 知识图及多维数据框架（图形嵌入和曝光计算）是 Yewno 的两大核心内容。基于这两大核心，Yewno 在金融、教育、出版等领域为用户提供了 AI 驱动的个性化解决方案，较为典型的是金融解决方案、教育领域的 Yewno Discover 和出版领域的 Yewno Unearth。下面从 Yewno 关键技术和典型应用两个方面进行详细介绍。

2.1.2 关键技术

1.Yewno 知识图技术

Yewno 利用最新的计算语言学、网络理论、机器学习等 AI 技术，引入类似图形的网络，并利用来自复杂网络领域的高级工具来提取见解并检测出新的特性。不同的数据源（如新闻、专利、股票价格等）和不同的相似性度量标准（如语义、句法、事实）产生不同的网络层，且动态变化，可追溯。这些网络层统称为 Yewno 知识图（Yewno knowledge graphic，YKG），如图 2-1 所示。

Yewno 知识图层是从新闻、专利权、正式备案、临床试验、司法文件、科学出版物、（当日）股票价格的大量来源中得出的（图 2-2）。每个源都通过 Yewno 智能引擎（Yewno intelligent engine，YIE）经过许多处理步骤，创建或不断更新知识图的一层或多层。同时，从实时更新的新闻到每季度更新的官方文件，不同的来源在知识图呈现出不同

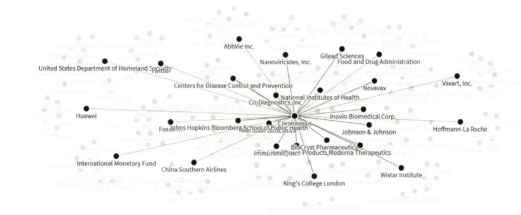

图 2-1　Yewno 知识图实例截图

的特点和更新模式，并且大多数网络资源每天都会更新。

此外，Yewno 知识图层是跨大量文档集的强大而动态的知识表示，并且是实时发展的，由推理引擎解释。该引擎检测并解释各种连接的关系及关系随时间的变化情况。其所表示概念之间的联系可以追溯到原始源文档，再到句子及其本体论类。这种方法可以在一天之内对新信息进行分析，从而提供异常检测、新颖性检测和相关性评分。

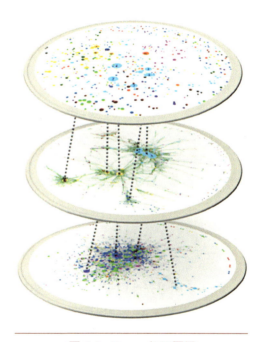

图 2-2　Yewno 知识图层

2. 图形嵌入和曝光计算——不断发展的多维数据框架

Yewno 知识图具有动态特性，使用高级机器学习算法可以提取由于网络效应而出现的隐藏见解。例如，供应链网络、社交网络、单词共现网络和通信网络之类的网络自然存在于各种现实应用中，分析它们可以深入了解财务依存关系、社会结构、语言和不同的沟通方式等。有许多方法可以用来执行这种分析。通过有效的图形分析，用户可以更深入地了解数据背后的内容，进而惠及大量实际应用，如节点分类、节点推荐、连接预测等。但是，大多数图分析方法都需要大量的计算和空间成本。图形嵌入是解决图形分析问题的一种有效的方法。它将图形数据转换为低维空间，在低维空间中最大限度地保留了图结构信息和图拓扑特性，同时采用曝光计算来量化知识图中连接的重要性，通过曝光计算得出概念之间的隐藏关系。

1）图形嵌入是一种在线算法，也是一种可扩展算法，使用了深度神经网络嵌入和深度游走（DeepWalk）技术，它们是用于构建图顶点的潜在拓扑表示的无监督学习方法。拓扑表示是顶点的隐藏特征，可捕获邻域相似性和社区成员身份。隐藏的表示以相对较少的维数在连续向量空间中编码拓扑关系（分配给边缘的权重）。图形嵌入将图形作为输入，并生成隐藏的表示作为输出，如图 2-3 所示。

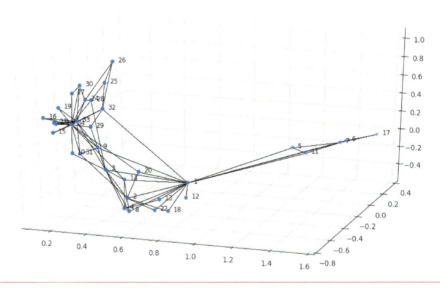

图 2-3　将图形嵌入低维度量空间示意图
图中数字表示实体

2）使用曝光计算来量化知识图中的连接，提取隐藏的见解。曝光计算不仅考虑了图形中的一阶关系，而且还考虑了允许出现隐藏模式和新兴属性的高阶关系。通过重要性分数、中心度评分、相似度评分、汇总分数四个计算度量组合来得出概念之间的隐藏关系。

2.1.3　典型应用

基于知识图、图形嵌入和曝光计算等方法和技术，Yewno 在金融、教育、出版等多领域开展应用。例如，在金融领域，Yewno 研制了集"数据包（Data Packages）＋索引策略（Index Strategies）＋数据在线研究终端（Yewno Edge）"三位一体的 AI

驱动的解决方案，并在新冠肺炎疫情下的真实场景下开展了投资风险分析研究；在教育领域，Yewno 研制了 Yewno Discover 产品；在出版领域，Yewno 研制了 Yewno Unearth 产品，并且实现了 Yewno Discover 与 Yewno Unearth 的互联互通。

1. 新冠肺炎疫情下投资风险分析案例研究

新冠肺炎疫情下投资风险分析主要包括数据包、风险分析、数据在线研究终端三方面。

1）来自 Yewno 知识图、基于对信息摘要性理解的大量投资风险数据。这些数据允许以数据馈送的形式，或通过特定日期显示其片段（图 2-4），或通过基于 AI 的投资研究平台 Yewno Edge 提供。

2020-01-21

•概念：（冠状病毒，Inovio生物医学公司）

事件/类别：保健，情绪：0.2292

片段摘要：正在研发抗中东呼吸综合征冠状病毒DNA疫苗的Inovio Pharmaceuticals Inc，以及正在开发主要被视为黄热病和Marburg病毒药物的galidesivir的BioCryst Pharmaceuticals，Inc.，但已证明体外对其他病毒（包括冠状病毒）的成功也看到了它们的存量上升。

2020-01-22

•概念：（冠状病毒，Inovio生物医学公司），

事件/类别：药理学，情感：0.1917

摘录源代码：其他开发疫苗的公司，包括Aethlon Medical，Inovio Pharmaceuticals和BioCryst Pharmaceuticals，也随着冠状病毒的传播而份额增加。

图 2-4　特定日期信息片段

2）基于海量知识图数据开展的系列风险暴露分析。对于与新出现概念高度关联的公司，Yewno 的知识图自动进行了风险暴露分析。图 2-5 显示了与新冠病毒关联最密切的 10 家公司名单，按 2020 年 1 月的每日平均暴露量得分的平均值排序。此外，图 2-6 还显示了上述 10 家公司 2020 年 1 月的每日平均暴露量得分随时间的变化，从而分析疫情暴发对这些公司的影响。

3）Yewno Edge 数据在线研究终端除基于以上数据对与新冠病毒关联最密切的公司的投资组合进行总体分析外（图 2-7），更重要的是为用户研究投资策略提供平台，即支持用户建立任意投资组合、研究自己的投资组合并获得投资风险评估及投资策略。同时，用户还可以检查哪些其他概念或公司出现在投资组合中（图 2-8）。

Yewno Edge 还可以为用户提供特定公司 / 概念的暴露得分、股票价格、投资情绪的对比分析。图 2-9 显示了伊诺维奥生物医学公司（Inovio Biomedical Corp.）的股市

Ranking	Title	Average Exposure
1	Inovio Biomedical Corp.	0.105160
2	Novavax	0.098364
3	Gilead Sciences	0.075550
4	BioCryst Pharmaceuticals	0.072604
5	AbbVie Inc.	0.040073
6	China Southern Airlines	0.038125
7	Hoffmann-La Roche	0.036747
8	Johnson & Johnson	0.034025
9	Merck & Co.	0.032821
10	Meridian Bioscience	0.031959

图 2-5　按每日平均暴露量排序的 10 家与新冠病毒关联最密切的公司

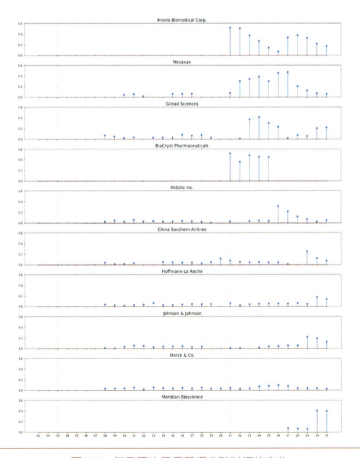

图 2-6　每日平均暴露量得分随时间的变化

图 2-7　Yewno Edge 数据在线研究终端——总体分析界面

图 2-8　Yewno Edge 数据在线研究终端——投资组合风险分析界面

图 2-9　伊诺维奥生物医学公司股市的暴露得分和投资者情绪与新冠病毒研究之间的关系

表现与新冠病毒研究之间关系的演变，从中可以观察到暴露得分的增加趋势和积极的投资者情绪，这可能是由于该公司宣布了新冠病毒相关试验成功的消息。同时也可以看出，Yewno 的分析结果表明 2020 年 1 月 21 日以来新冠病毒研究的进展促成了最高暴露得分和积极情绪。

通过访问未知概念的暴露和投资者情绪数据，用户可以进行预测分析。从图 2-10 可以观察到风险暴露和投资者情绪如何作为风险暴露股票价格的预测信号。在股市对这些事件做出实际反应的前几天，暴露的增加和投资者情绪的变化就可以被检测到，这显示出 Yewno 知识图技术具备卓越的功用。

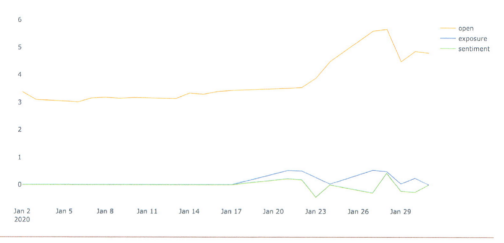

图 2-10　伊诺维奥生物医学公司的风险暴露和投资者情绪（与新冠病毒关联）及股价趋势图
open：开盘价；exposure：风险暴露；sentiment：投资者情绪

2. 教育领域的 Yewno Discover 与出版领域的 Yewno Unearth

在教育领域，Yewno Discover 平台收集了数亿条语义链接和概念链接，几乎覆盖所有学术领域的学术文章、书籍和数据库。这使得用户能够直观地浏览各个学科概念及了解其相互关系，并发现之前可能忽略的学习资源，使跨学科的研究领域结合在一起。平台为用户提供直观的指导，并帮助他们发现不同研究活动之间之前未知的联系，从而增强其对特定学科领域的广泛理解，使之更有效地工作。

如图 2-11 所示，在左侧检索框内输入"Artificial Intelligence"，右侧展示了 Artificial Intelligence 知识图，直观表达了与"Artificial Intelligence"密切相关的概念及相互关系，帮助用户通过知识图发现一些隐藏的有效信息。详情页面如图 2-12 所示，左侧提供了资源存在方式（图书馆电子资源、图书馆印本资源、Yewno 全文资源）、主题、资源类型、出版日期、语种的资源分类导航，右侧展示了资源详情，即该篇文献或图

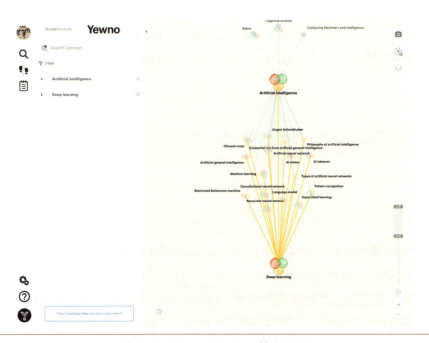

图 2-11　Yewno Discover 检索页面

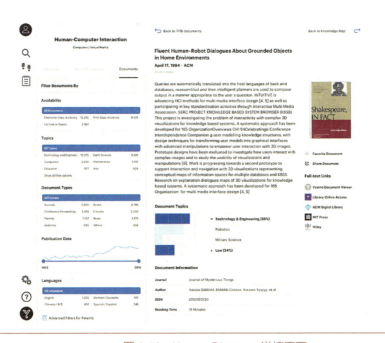

图 2-12　Yewno Discover 详情页面

书的题名、作者、摘要等著录信息，同时展示了该资源涉及的各类主题占比，以及可获取全文的各种途径。

在出版领域，Yewno Unearth 服务实现了出版物内容层面的深度关联并可以形成知识图谱。孙赫男（2018）指出 Yewno Unearth 可以让各个垂直的知识图谱形成独立的出版物和数据库，即提升了出版价值，又通过与 Yewno Discover 的联结实现了知识节点中使用者与创造者之间的连通，加强了知识节点的有效性和准确性。

2.2 Semantic Scholar 学术搜索引擎

2.2.1 概述

Semantic Scholar（https://www.semanticscholar.org/）成立于 2015 年，是艾伦人工智能研究所（Allen Institute for AI）的一个开创性项目，旨在提供一个能在内容层面上理解文献信息的人工智能搜索引擎，有利于用户更有效地检索学术信息。此外，Semantic Scholar 还提供了应用程序接口（application programming interface，API）和开放研究语料库，为用户提供免费服务。Semantic Scholar 是开放的，并且对所有人都是免费的。Semantic Scholar 语料库来源于可开放获取的学术文献数字资源。截至 2020 年，Semantic Scholar 检索范围已由 2015 年的 300 万篇扩展到超过 1.8 亿篇，涵盖几乎所有学科领域。

谢智敏和谢倩玲（2017）将 Semantic Scholar 与 Google Scholar、Microsoft Academic Search、必应学术、百度学术等现行主流学术搜索引擎进行了对比研究，发现 Semantic Scholar 的特点在于将信息源中的资源加工为自身的语料库，用于系统对这些资源进行机器学习，实现了资源内容层面的挖掘计算与揭示，并基于此评价论文的学术影响力，更有利于帮助用户筛选有用信息，提高学术信息搜索和过滤的效率。下面具体介绍 Semantic Scholar 的检索功能及影响力评价功能。

2.2.2 检索功能

Semantic Scholar 检索页面简洁，支持对人名、关键词的检索，如图 2-13 所示。

1）人名检索。根据人名检索时，返回的结果主要包括三部分，如图 2-14 所示。A：二次过滤条件，包括学科领域、发表年份、有 PDF 全文文件、文献类型、作者、期刊

图 2-13 Semantic Scholar 检索界面

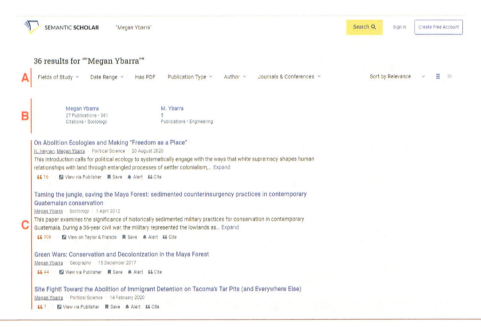

图 2-14 Semantic Scholar 人名检索结果页面

名（或出版者）、四种排序方式（按相关性、引文数、最具影响力、最新时间），通过这些过滤条件可以有针对性地快速了解作者发文等情况。B：重名学者，单击相应学者姓名，可查看该学者概况，包括其学术影响图、论文列表等信息。C：发表论文列表，每篇论文包含题名、作者、期刊名、发表年份、摘要、高影响力引用次数、被引次数、全文下载、导出引文格式等信息。

2）关键词检索。关键词检索时返回的结果包括二次过滤条件、发表论文列表、主题分析三部分。其中，二次过滤条件和发表论文列表部分与人名检索基本相同，但增加了主题分析功能（即图 2-15 的红框部分）。主题分析功能基于检索的关键词，采用 AI 技术提取该主题的重要论文，并通过脉络图的方式按被引情况展示论文信息，并进行相关主题推荐（图 2-16）。

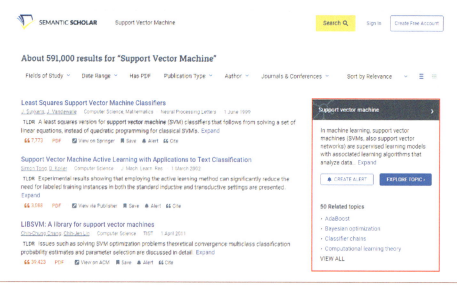

图 2-15　Semantic Scholar 关键词检索结果页面

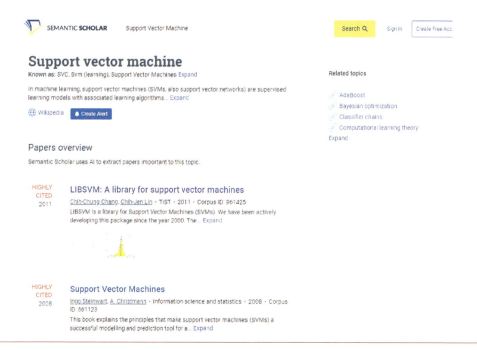

图 2-16　Semantic Scholar 关键词检索结果中主题分析页面

3）单篇文献详情。单击检索结果论文列表中的论文题名可显示该篇文献详情（图2-17），包括题名、作者、摘要、关键词、图片、表格、参考文献列表、被引用情况统计、相关文献列表等信息。其中，关键词、图片、表格等信息以及相关文献抽取及相关度计算均是采用 AI 技术来实现的，这样可以提高用户搜索效率，帮助用户高效查找并理解文献。

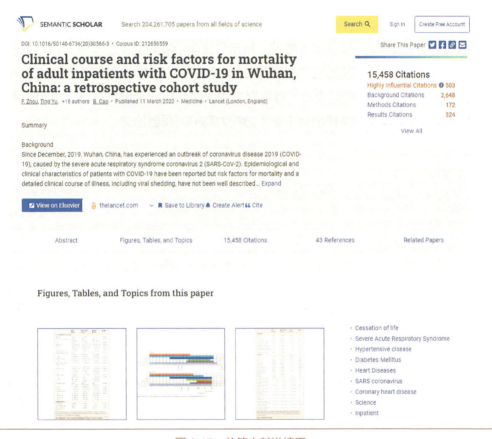

图 2-17　单篇文献详情页

2.2.3　影响力评价功能

Semantic Scholar 实现了对文献中作者、机构的影响力评价，提出了基于机器阅读的影响力评价指标，主要包括发文数量（publications）、被引次数（citations）、h- 指数（h-index）、高影响力被引次数（highly influential citations）、影响力分数（influence score）、影响图。以检索作者 F. Zhou 为例，展示 Semantic Scholar 对学者学术影响力的评价功能。图 2-18 左侧展示了作者 F. Zhou 的总体学术影响力，统计了其发文数量、被引次数、h- 指数、高影响力被引次数，通过这些指标可了解该学者对相关领域后续研究的影响速度、程度和趋势。图 2-18 右侧为该学者的学术影响图。影响图中心位置为所检索的学者姓名，在其左侧为对 F. Zhou 学术研究影响较大的学者，学者姓名右侧框中的数字为对 F. Zhou 的影响力分数，数值越大则对 F. Zhou 的影响越大；在其右侧为受 F. Zhou 影响较大的学者，数值越大则说明受 F. Zhou 的影响越大。通过学者学术影响图，除了可以使用户了解所检索学者的学术情况以外，还能更全面地挖掘所检索学者学科领域的其他研究者的学术情况，并且使用户更准确、快速地获取相关文献。图 2-19 为学者学术概况，展示了该学者发表论文的年度分布、主要合作者、研究中涉及的主要关键词、主要研究方向等信息。F. Zhou 发表的这些论文可以根据最有影响力的论文、被引次数、每年引文的变化、年度等进行排序，有利于用户从 F. Zhou 发表的论文中快速找出其中学术影响力高的高质量论文。

图 2-18　学者学术影响图

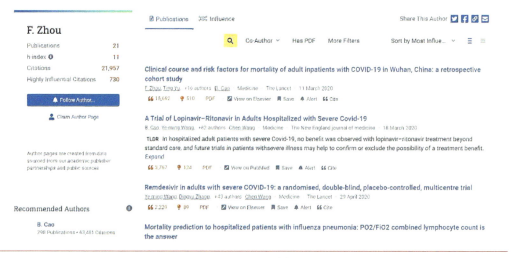

图 2-19　学者学术概况

2.3 Magi 智能搜索引擎

2.3.1 概述

Magi 是由 Peak Labs 研发的基于机器学习的信息抽取和检索系统（其公众版为 https://magi.com/）。它能将自然语言文本中的知识提取成结构化的数据，通过终身学习持续聚合和纠错，进而为人类用户和其他人工智能提供可解析、可检索、可溯源的知识体系。

Magi 不仅收录互联网上的海量文本，还会尝试理解并学习这些文本中蕴含的知识和数据。Magi 的学习过程是在无人工干预的情况下 7×24 小时不间断运行的，实时新闻事件中的知识一般只需要 5 分钟就会被掌握。随着可交叉验证的信息源不断增加，先前学习到的知识的可信度会被重新评估，使结果中的错误被自动纠正。

2.3.2 核心技术

Magi 认为知识提取的重要性远高于单纯地回答问题，主动发现潜在知识并持续提炼修正则显著强于被动地根据输入的问题去匹配结果。让机器去理解语言已经十分困难，而 Magi 更是选择面对其中最复杂的目标：开放领域的互联网文本，直面规模化和准确度这一组知识工程中的核心矛盾点。

为了提升信息的利用率，Magi 必须尽可能彻底地从每一段质量参差不齐且主题各异的文本中提取出全部知识。这决定了一切现有的技术方案均不可用。这不再是一个清晰的序列标注问题，交错叠加的关系使得搜索空间爆炸式增长，不受限制的领域还意味着根本没有可用的训练数据。Magi 耗费多年时间从零设计研发了整个技术堆栈：采用原创 succinct 索引结构的分布式搜索引擎、使用专门设计的 Attention 网络的神经提取系统、不依赖 Headless 浏览器的流式抓取系统、支持混合处理 170 余种语言的自然语言处理管线等。

与此同时，Magi 还积累了独一无二的训练 / 预训练数据。该系统通过引入传统搜索中的"不依赖于查询条件"（query-independent，品质因素），使得优质可靠的消息源更被重视。其基于多级迁移学习的提取模型完全摒弃了人工规则、角色标注、依存分析等限制泛化能力的环节，并且可在零资源（zero-resource）的前提下直接应用到各种外语文本上并取得令人满意的效果。此外，随着数据的积累和来源多样性的扩充，该系统还能够持续学习与调整，自动消除学习到的噪声和错误结果。

2.3.3 检索功能

以下针对 Magi 的公众版（https://magi.com/）进行介绍。

1. 信息源及检索范围

Magi 将所有领域自然语言文本中的知识提取成结构化的数据，通过持续不间断的学习与调整，实现全领域的信息抽取与检索。

2. 检索方式和检索界面

Magi 提供的检索方式为基本检索，支持关键词 / 问题 / 表达式三种检索方式。Magi 的检索界面简单明了，最上面为检索区，检索框位于页面中央，如图 2-20 所示，检索区下方为 Magi 帮助及"Magi 正在学习…"，并显示从中学习到的潜在知识，用户可以单击学习结果进一步搜索。

图 2-20　Magi 检索界面

3. 多种检索结果展示

当 Magi 认为需要通过使用多种展示方式来回答问题和 / 或满足输入内容的知识时，它会将其认为适合的知识片段全部体现在搜索结果页中并且只展开其中的部分结果，用户可以通过单击与未完全展开的结果进行互动。Magi 返回的结果主要是经过海量网络信息抽取和机器学习后的相关信息，而结果的呈现方式是结构化信息展示。检索结果主要包括五类，分别为直接回答类、实体类、集合类、断言类、全网规模的普通搜索结果，下面以不同检索实例来进行 Magi 检索结果的说明。

1）直接回答类结果。当 Magi 认为一个具有代表性的知识片段能够直接回答用户输入的问题时，将展示直接回答类结果。直接回答类结果包括 A 和 B 两部分，A 可能为某种人物、事物、事件、概念等，而 B 则是对 A 的描述，下方会列出该知识片段的部分学习来源，供用户参考，并可直接进入查看，具体检索实例如图 2-21 所示。

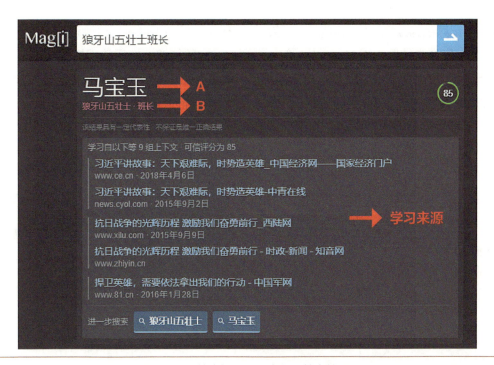

图 2-21　检索结果——直接回答类结果

2）实体类结果。当 Magi 认为一个特定实体（可能是人、事、物、概念等）最符合用户的潜在需求时，将为用户展示实体类结果，即该实体的多维度信息，如实体的描述、属性、标签、近义项等，具体如下。

描述：通常是一段对于该实体的描述，可能是定义、介绍、宣传语等。

属性：指该实体的某项属性。在检索页面中，大多情况下可以认为被检索"实体"的相应"属性"是用颜色标记部分的内容。为了简明，在此类结果展示中每个属性只会显示单一结果，该属性的更多结果可以通过单击颜色标记内容之后的"…"进行进一步搜索。

标签：指该实体可以被归属的门类，各个标签也可以进一步互动，单击展开学习来源，并可进一步搜索。

近义项：指的是该实体被广泛认可的其他名称、别名或非常相近的实体，同样可以单击展开进一步互动。

由于篇幅有限，检索页面上无法将某一实体的全部信息一次列出，用户可输入更具体的信息来直接搜索想了解的内容。以搜索"特斯拉"为例，搜索结果包含了与特斯拉相关的描述、属性、标签、近义项以及主要学习来源，呈现了关于特斯拉的结构化信息（图 2-22）。右侧的主要学习来源可通过导航图形式查看所属类别。属性、标签、近义项均可查看详细信息，并对近义项可信度进行了评分（图 2-23），按照可靠程度标记颜色为绿色（较为可靠）、棕色（一般）、红色（尚不足以验证可靠性）。

3）集合类结果。当 Magi 认为有一系列知识片段能够直接回答用户的问题，或者与用户输入的内容高度相关时，将为用户展示一系列知识片段构成的"集合"。"集合"中的每一项都是经 Magi 判断符合一定标准的事物、描述等。

以搜索"呼吸道传染病"为例，检索结果如图 2-24 所示。其中 A 即为下方各项

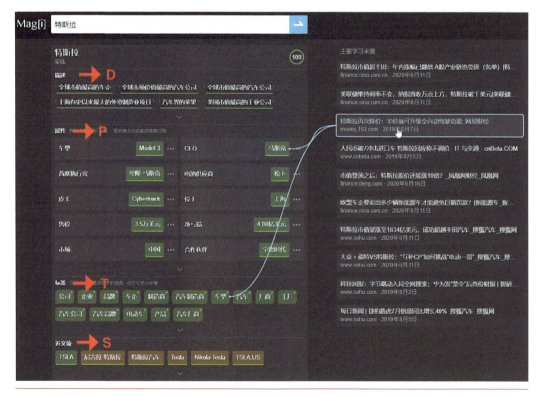

图 2-22　检索结果——实体类结果

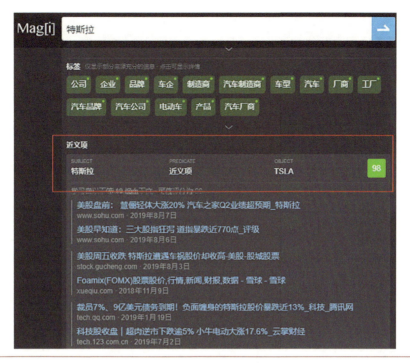

图 2-23　实体类结果——近义项可信度评分

图 2-24　检索结果——集合类结果

a 所满足的同一标准，各项也可以再次单击展开（图 2-25）。它们包含了这一知识片段的学习来源详情和相应评分，并且可以方便地针对用户感兴趣的部分进一步搜索。

　　4）断言类结果。当 Magi 认为某种逻辑关系可以回答用户的问题或者与用户的输入高度相关时，会展示断言类结果，如图 2-26 所示。A 和 B 之间可能具有一种或多种逻辑关系，即下方 C 部分表示的内容。C 部分的各项内容均可以再次单击，单击后将

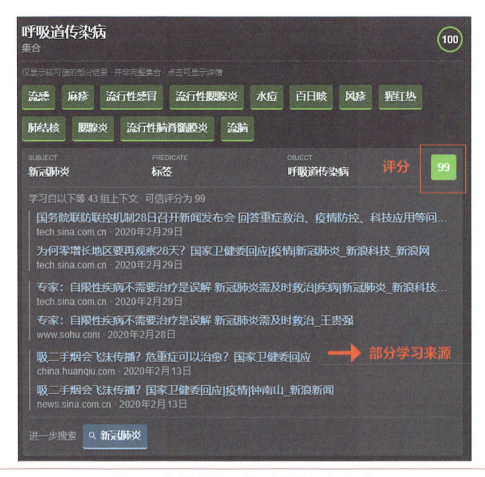

图 2-25　集合类结果——学习来源详情和相应评分

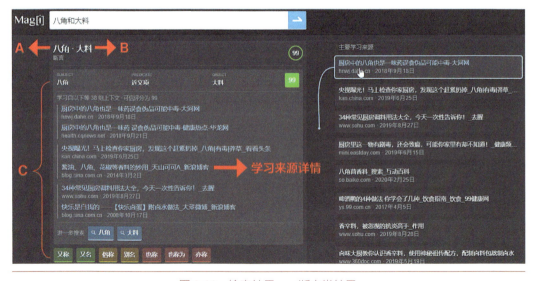

图 2-26　检索结果——断言类结果

展开与图 2-25 相似的该知识片段学习来源的信息。

5）全网规模的普通搜索结果。在使用 magi.com 搜索时，即使没有结构化结果，用户也不会白来，magi.com 会为用户提供全网规模的普通搜索结果（图 2-27）。

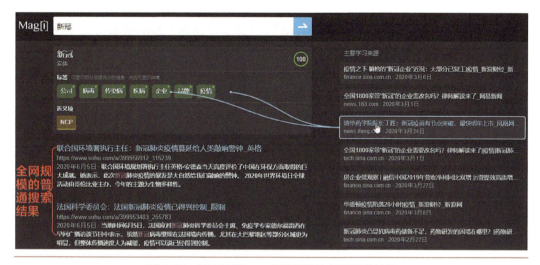

图 2-27　检索结果——全网规模的普通搜索结果

2.4　欧洲生命科学大数据联盟基础设施平台

2.4.1　概述

欧洲生命科学大数据联盟基础设施（ELIXIR，网址为 https://elixir-europe.org/）平台由 22 个成员国和 1 个观察员国组织运营，汇集了 220 多个研究组织，成立于 2013 年 12 月，并于 2014 年开始实施其第一个五年科学计划（2014～2018 年），目前正在实施其第二个五年科学计划（2019～2023 年）。ELIXIR 汇集了来自欧洲各地的生命科学资源，如数据库、软件工具、培训资料、云存储和超级计算机等。

ELIXIR 的使命是为整个欧洲的生物信息建立稳定、可持续的基础设施，以向生命科学界提供数据资源。ELIXIR 提供的工具和服务（如数据库、计算服务、应用程序、培训）可使用户稳定、持续、持久地访问生物数据，并对这些资源进行全生命周期管理、协调、整合和维持，以便它们形成单一的基础结构，令学术界和工业界用户能够获取对其研究至关重要的信息，支持生命科学研究需求。这种单一基础结构使科学家更容易查找和共享数据，交换专业知识并就最佳实践达成共识，最终帮助他们更深入地了解生物体如何工作。

ELIXIR 的核心功能包括服务类、平台类和社区类。服务类是指 ELIXIR 在整个欧洲协调和发展生命科学搜索服务，主要以列表方式实现主题浏览和搜索。平台类主要包括数据平台、工具平台、计算平台、互操作性平台和培训平台 5 个部分，每个平台均有各自的负责人及小组执行。其中，ELIXIR 数据平台属于知识精准发现服务类别，在本节中将重点介绍其核心功能。社区类聚集了在特定领域（如植物科学）工作的科学家，他们开发针对自己领域的服务，并反馈平台提供服务的情况，以确保这些服务解决现实世界中的问题。

2.4.2 ELIXIR 数据平台

1. ELIXIR 数据资源

ELIXIR 数据平台旨在呈现整个欧洲的关键数据资源，并支持数据与文献之间的联系。ELIXIR 数据平台将开放访问作为核心原则加以推广，以进行有效的数据发现、存储和重用。ELIXIR 数据资源包括 ELIXIR 核心数据资源（ELIXIR Core Data Resources）及 ELIXIR 沉积数据库（ELIXIR Deposition Databases）两类。

（1）ELIXIR 核心数据资源

ELIXIR 核心数据资源致力于长期保存欧洲生命科学界，以及和生物相关的高价值数据，在某些特征领域被视为权威，体现出高水平的科学质量和服务质量。因此，ELIXIR 核心数据资源具有良好的适用性和广泛的用途。2017 年 7 月，经过专家评审，19 类数据资源被标记为 ELIXIR 核心数据资源，并形成 ELIXIR 核心数据资源列表，专家组定期对核心数据资源进行评审。

（2）ELIXIR 沉积数据库

ELIXIR 沉积数据库用于存放实验数据，同样致力于确保数据长期保存和访问。某些 ELIXIR 沉积数据库符合 ELIXIR 核心数据资源的技术质量和治理标准，符合 FAIR（findable accessible iinteroperable reusable，可查找、可访问、可互操作、可重用）原则，但因尚处于早期建设阶段、覆盖面较窄，难以满足科学研究的新需求。这些 ELIXIR 沉积数据库也出现在 ELIXIR 核心数据资源列表中。目前，共 12 类数据资源被标记为 ELIXIR 沉积数据库。

2. ELIXIR 核心数据资源之间的关联打通

ELIXIR 核心数据资源关联打通表现为文献资源与其他类型数据的关联打通，较为典型的是 ELIXIR 核心数据资源 Europe PMC 通过与其他核心数据资源（如蛋白质和化合物数据库 UniProt、蛋白质数据库 PDBe、欧洲核苷酸档案 ENA 等）的关联，建立跨 ELIXIR 的全面、连通的数据生态系统。

Europe PMC 是一个开放式科学平台，由欧洲分子生物学实验室的欧洲生物信息学研究所（EMBL-EBI）开发，是许多国际科学资助者的首选存储库。

Europe PMC 可通过链接全球范围内的可靠来源，访问全球生命科学出版物和预印本资源，包括摘要、全文、书籍、文件、预印本及专利等。针对摘要，通过 Europe PMC 搜索可跳转第三方网站获取全文。针对全文，实现了资源深度加工、标引、挖掘与关联，通过开放研究者与贡献者身份识别码（open researcher and contributor ID, ORCID）实现了作者归一。

Europe PMC 不但对文中的图和表格进行抽取及加工（图 2-28、图 2-29），还提供该文献的参考文献，每篇参考文献均标注了来源，且可获取参考文献的摘要、全文等信息（图 2-30）。

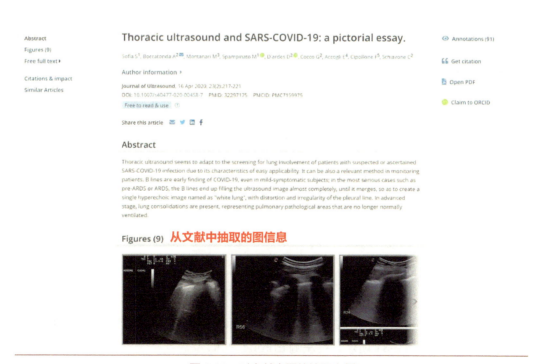

图 2-28　对文献中图的抽取实例

图 2-29　对文献中表格的抽取实例

图 2-30　引文来源标注实例

Europe PMC 采用文本挖掘技术对摘要进行标引，实现了文献与其他 ELIXIR 核心数据库的关联。如图 2-31 所示，在左侧 Europe PMC 文献检索结果页面对摘要进行了标引，单击突出显示的术语 SARS，即显示该术语所在的公共数据库 UniProt，随即可进入 UniProt 中的 SARS 相关数据页面，实现了文献与 UniProt 的关联。

图 2-31 Europe PMC 与 UniProt 数据库关联检索实例

Europe PMC 还提供论文与 ORCID 的关联操作，实现作者唯一标识，提供按作者进行的学术成果统计等功能，如图 2-32 所示。

图 2-32 论文与 ORCID 的关联操作实例

2.4.3 ELIXIR 互操作性平台

1. 概述

ELIXIR 互操作性平台采用标准化的文件格式、元数据、词汇和标识符，建立一个合用的、符合 FAIR 原则的基础设施，实现欧洲生物信息的发现、交换、比较、汇聚和互联。

2. 核心模块

1）采用"领域专家 + 互操作性技术专家"相结合的外部审核方式，筛选出 10 类 ELIXIR 推荐的互操作性资源（recommended interoperability resources，RIR）。

这 10 类互操作性资源可以在互操作性框架中建立数据资源彼此之间的连接，获取和公开数据资源的元数据，构建集成核心数据集所需的基础设施，如图 2-33 所示。ELIXIR 推荐的互操作性资源组合将得到定期评估以控制质量。未来，ELIXIR 将拥有更多的互操作性资源，以适应新兴技术的发展和满足不断变化的科学需求。

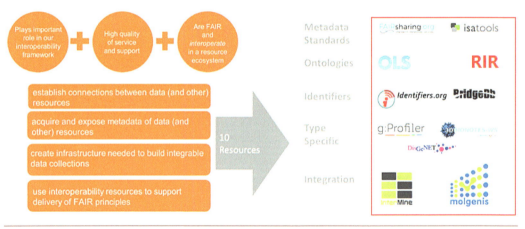

图 2-33　ELIXIR 推荐的互操作性资源

2）ELIXIR 互操作性 FAIR 服务框架。

开发包含适用工具的 FAIR 服务基础架构，可以实现互操作性资源的互联互通。FAIR 服务基础架构主要包括几方面的内容：一是标准登记，即数据抽取转换加载、元数据注释标记与验证；二是本体登记，即本体管理、查找、映射；三是标识符注册，即标识符构建、引用、解析、映射；四是工具，即数据收割、索引、特定类型数据的映射和分辨；五是工作流，即检索、特定类型的数据集成，如图 2-34 所示。

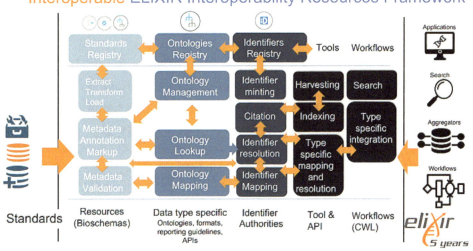

图 2-34　ELIXIR 互操作性 FAIR 服务框架

2.4.4 ELIXIR 工具平台

1. 概述

为了从生命科学数据中获得更多信息，科学家需要使用软件工具来访问、研究和比较数据。为了满足科学研究对工具、数据的需求，有必要对这些工具的使用、性能和许可进行清晰的描述，并且将这些工具集成到科学工作流程中。为改善软件资源的可发现性、可用性和可持续性，ELIXIR 工具平台提供了三类工具服务：bio.tools——用于搜索生命科学方面的软件工具和数据资源的注册表；Biocontainers——将可在各种操作系统上运行的生命科学方面的软件封装为一个容器，以列表的形式显示；OpenEBench——是用于基准测试和监视软件的浏览工具。

2. 特点

（1）数据开放

在开放许可方面，bio.tools、Biocontainers 等生物工具、容器的数据可向用户免费提供，并支持用户共享和修改其数据。

（2）源代码开源

ELIXIR 工具平台源代码是开源的，在 GPL-3.0（GNU 通用公共许可证）下，bio.tools 源代码免费向用户提供；用户可以自由共享和改写 bio.tools，但必须确保其共享及修改继续对其他用户免费。Biocontainers 也在公共存储库中提供代码，且可作为软件容器使用。

（3）资源描述等均遵循严格的标准

资源描述严格遵循两个方面的标准。第一，标准语义。可以用 EDAM[①] 本体定义的术语来精确注释 bio.tools 资源的科学功能，包括常见主题、操作、数据类型和数据格式。第二，标准语法。bio.tools 资源描述遵循由 biotools Schema 定义的严格语法。该语法包括 50 个关键属性并提供了正则表达式、受控词汇表和其他语法规则。

（4）用户驱动

用户在注册 bio.tools 后可以负责一种或几种工具的建设及其在线服务，目前有 1000 多个用户正在参与这项工作。让用户参与工具平台建设及服务的这种模式不仅增加了用户使用工具平台的热情，也提升了工具平台的热度。

（5）社区驱动

ELIXIR 工具平台依靠科学界的用户来改善生命科学各个领域资源的术语和描述，这包括由 ELIXIR 培育的新兴社区以及任何有兴趣提供帮助的其他科学家团体。ELIXIR 正在尝试建立"主题编辑器"网络，以监督特定主题领域中 EDAM 本体和生物工具的开发，同时也正与不同社区紧密合作，使其用 OpenEBench 作为基准测试平台。社区驱动的共建模式与用户驱动的模式相似，均可以提高用户参与度，提升了本体、平台工具等的可信度。

3. 核心功能

（1）基于 EDAM 本体的 bio.tools 术语浏览查询

bio.tools 浏览界面比较简单，其主题分类是基于 EDAM 本体来构建的，它的维护和更新都是依靠科学界研究人员、用户通过社区驱动模式来进行的，这样可以提升分类的准确性、公信度和可持续性，如图 2-35 所示。

（2）bio.tools 检索结果展示

bio.tools 检索结果页面如图 2-36 所示。主要包括：① 提供软件工具安装地址。该地址链接到第三方网站，这些第三方网站主要致力于开源、协作的专业网站或开源社区。以 BGmix 为例，单击下载安装地址，进入 Bioconductor 中的 BGmix 安装步骤信息页面（图 2-37）。再以 ARTIC 为例，单击下载安装地址时用户也可参与其维护（图 2-38）。② 关联 OpenEBench。提供关于 BGmix 的 OpenEBench 基准测试信息，展

---

① EDAM, EMBRACE data and methods, EMBRACE 数据方法。EMBRACE, Europea Model for Bioinformatics Research and Community Education, 欧洲生物信息学研究与社区教育模式。

图 2-35　基于 EDAM 本体的 bio.tools 浏览界面

图 2-36　bio.tools 检索结果页面

图 2-37　以 BGmix 为例的下载安装地址详情页面

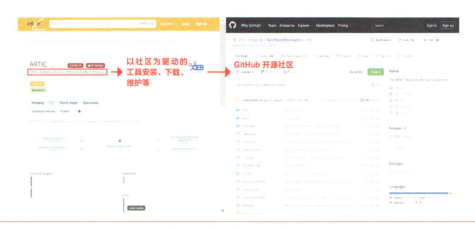

图 2-38   以 ARTIC 为例的下载安装地址详情页面——Github 开源社区

示该软件工具的 OpenEB 地址，进入 Hithub 开源社区，均可免费获取下载维护更新信息和 ench 技术监控信息。③ 所属分类。展示基于 EDAM 本体的主题分类，单击每一个分类均链接到其他软件工具列表。④ 参数详情。标明该软件工具的程式语言、适用的操作系统等参数信息。⑤ 单击查看更多与此操作相关的工具信息。⑥ 提供用户手册、源代码下载。⑦ 提供与 BGmix 相关的文献。⑧ 为用户提供申请编辑及所有权等操作。

（3）OpenEBench 结果展示

1）技术监控。用于监视软件质量，如关联 bio.tools 监测生物信息学软件工具。以 BGmix 为例，关联的 OpenEBench 技术监控信息包括版本号、描述、指标信息、软件工具正常运行时间、访问时间、与该软件工具相关的出版信息（图 2-39）。

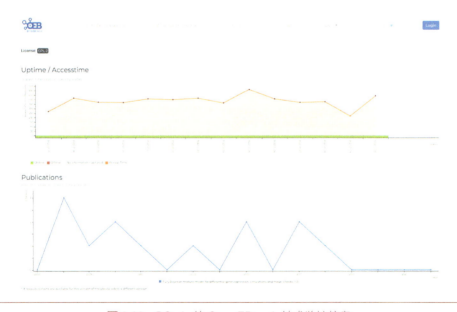

图 2-39   BGmix 的 OpenEBench 技术监控信息

2）科学基准测试。帮助确定无偏见情况下生物信息学资源的准确性、召回率和其他指标。OpenEBench 测试结果公平公开且通过可视化形式呈现，帮助非专业人士正确理解测试结果。目前，OpenEBench 已与来自不同科学领域的社区进行合作（图 2-40），最终用户可以在其中找到解决问题的最有效方法并对自己的推理方法进行基准测试。以癌症基因组图谱（The Cancer Genome Atlas，TCGA）为例，基于 OpenEBench 工作流程（图 2-41），在 OpenEBench VRE 工作区

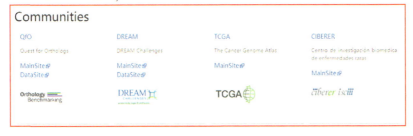

图 2-40　与 OpenEBench 合作的社区

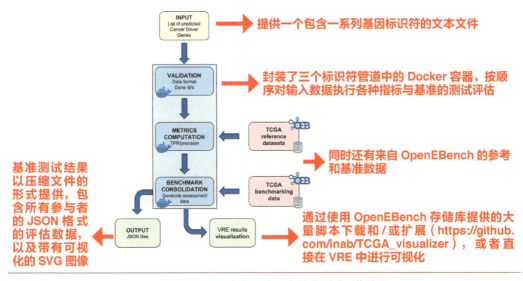

图 2-41　TCGA 癌症驱动程序基准测试工作流程

（图 2-42）执行上传数据、运行工作流、下载可视化结果等相关操作，最终基准测试结果以压缩文件的形式提供，包含所有参与者的 JSON 格式的评估数据和 SVG 图像，也可以直接在 VRE 中进行可视化结果查看（图 2-43）。

图 2-42　OpenEBench VRE 工作区

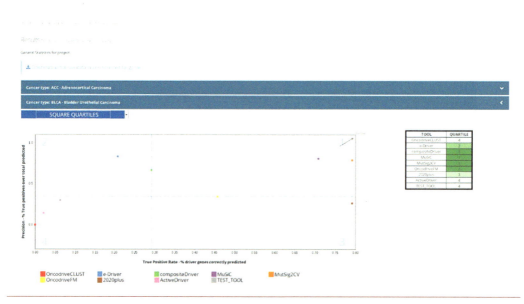

图 2-43　OpenEBench VRE 中 TCGA 癌症驱动程序基准测试可视化结果

2.5 PubMed 文献服务平台

2.5.1 概述

PubMed（https://pubmed.ncbi.nlm.nih.gov/）文献服务平台是美国国立医学图书馆（U.S National Library of Medicine，NLM）所属国家生物技术信息中心（National Center for Biotechnology Information，NCBI）研发的网络数据库，是该中心开发的 Entrez 检索系统的重要组成部分。PubMed 文献服务平台提供 1950 年以来 70 多个国家和地区约 5000 种生物医学期刊的文摘或全文，内容覆盖基础医学、临床医学、环境医学、营养卫生、职业病学、卫生管理、医学教育和医学信息科学等领域（滕彦霞，2009）。它从 1997 年 6 月起在网上免费向读者提供服务，是世界上最重要的生物医学文献搜索引擎之一，绝大部分期刊文献可回溯至 1946 年，最早的可回溯至 19 世纪初。系统数据每日更新，检索功能强大，是当今国际上生物医学研究领域不可或缺的文献资源。

其数据主要来源有 MEDLINE、In Process Citations、Publisher-Supplied Citations、OldMedline 等。

MEDLINE：PubMed 主体部分，占总文献量的 90%。每条文献都进行了深加工，标引了医学主题词（MeSH Terms）、出版类型（Publication Types）、GenBank 的收录号（GenBank Accession Numbers）等，标识为 [PubMed-indexed for MEDLINE]。

In Process Citations：为临时库，保存尚未完成主题词标引等加工处理程序的最新文献。标识为 [PubMed-in process]，其中的数据经标引后加入到 MEDLINE 数据库中。

Publisher-Supplied Citations：由出版商以电子版形式直接传送到 PubMed，标识为 [PubMed-as supplied by publisher]，大部分出版商提供的文献处于正在加工状态，经标引后加入到 MEDLINE 中，而少部分不进行标引（如综合性期刊中的非生物医学文献），保持 [PubMed-as supplied by publisher] 标识。出版商在印刷版期刊出版之前向 PUBMED 传送的电子版内容也显示 [Epub ahead of print] 标识。

OldMedline：收录部分 1966 年以前出版且未被 MEDLINE 收录的文献记录。标识为 [PubMed-OldMedline]。

其他：包含美国国立卫生研究院（NIH）资助的研究人员提交的部分作者手稿（author manuscript）、美国国家生物技术信息中心在线图书检索系统 Bookshelf 电子书、研究报告、PubMed Central 收录的期刊文献等信息。

2.5.2 特点

1. 词汇自动转换匹配

在 PubMed 中输入检索词，系统将依次与其四个索引即主题词转换表（MeSH Translation Table）、刊名转换表（Journals Translation Table）、短语列表（Phrase List）、著者索引（Author Index）进行对照、匹配和转换，然后进行检索。

2. PubMed 最佳匹配

随着生物医学文献的迅速发展（平均每分钟大约增加两篇文章），针对给定查询条件来查找和检索最相关的论文变得越来越具有挑战性。PubMed 提出了"Best match"（最佳匹配）（图 2-44）。这是 PubMed 的一种新的相关性搜索算法，该算法利用先进的机器学习技术来替代传统的日期排序顺序。最佳匹配算法根据用户历史搜索结果与数十种相关性排名信号（因素）进行训练，其中最重要的排名信号包括文章的过往用法、发表日期、相关性得分和文章类型。这种新算法展示了基准测试实验中的最新检索性能以及在实际测试中所改进的用户体验（用户单击率提高了 20% 以

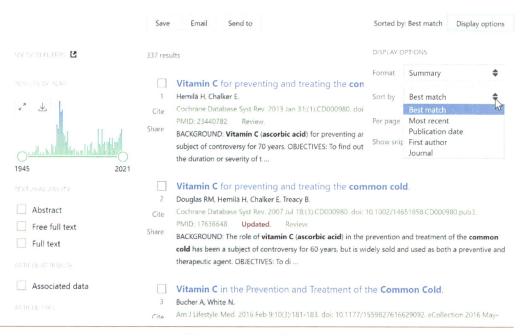

图 2-44　最佳匹配结果页面

上）。最佳匹配自 2017 年 6 月投入使用后，具有相关性排序顺序的 PubMed 搜索量一年内就显著增加 60%，它现在每周可协助数百万的 PubMed 搜索。在这项工作中，PubMed 用户对这种新的相关性排序选项的认识和透明度得到提高，从而能够更有效地检索信息。

3. 推荐相关（有时是隐藏的）文章

PubMed 根据内容相似性为每篇返回的文章展示了五篇最相关的文章。用户可以通过相应的链接进一步浏览这些文章，从而提高信息搜索效率。一旦用户开始浏览相关文章，他们很可能会沿着这些文章继续下去，而不是选择另一篇文章或发起新的查询。

4. 利用用户活动改善搜索质量

不论文献、序列还是生物医学数据，用户在查找信息时通常遵循三个步骤。首先，制定搜索查询；其次，浏览系统返回的排名结果列表；最后，单击单个数据库记录进行进一步检查。要在搜索质量和整体可用性方面改善用户体验，应该重点从这三个步骤中着手。与一般的 Web 搜索相比，PubMed 用户的搜索任务更加深入，如针对特定疾病或治疗开展研究，会产生大量复杂、不完整且有时相互矛盾的信息，用户可以查找并对这些信息进行组合、比对。因此，与 Web 搜索引擎的访问者相比，PubMed 用户通常花费更多的时间来检查内容，并且更有可能重复操作（如紧随其后的查询）。

用户反馈可以通过多种方式生成。一种方法是对招募的受试者进行受控实验，获得有关新设计特征的直接反馈（如用户访谈）。另一种方法是 A / B 测试（类似于生物学中的病例对照研究），它可以在随机和受控的情况下测量有无新功能的网页流量。A / B 测试中的一项关键指标称为单击率（CTR），该指标可报告实验功能被展示时的单击率。为了生成用户对 PubMed 新功能的评估，通常与一组领域专家和利益相关者进行内部评估。如果成功，将在 PubMed 中部署新功能，并针对一小部分真实用户（5%或更少）执行 A / B 测试。通过在一段时间内监控单击率和其他指标，来确定此功能的价值并决定是否逐步增加具有此功能的用户的比例。但是，少量测试集（手动判断）成本高昂、用户参与度不足以及衡量成功的能力有限（在理论上，系统会返回针对用户问题的最佳答案，因此单击率可能会降低）等都加大了评估的难度。因此，对于 PubMed 系统开发人员而言，重要的是要了解每种措施的劣势并在特定的应用程序中正确解释它们。

2.5.3 核心功能

1. 基本检索

在检索框中可输入任何具有实质性意义的词，如输入关键词、著者、机构、刊名、字段限定等检索条件，系统将进行自动匹配。以关键词检索为例，在检索框中键入一个或多个单词，如键入"H1N1;flu;influenza;swine flu"，可以检索出在标题、摘要等可检索字段中存在这些关键词的信息。如图 2-45、图 2-46 所示，检索页面左侧为过滤器，通过年份、文献可获得内容、相关文献、文件类型、出版日期等进行检索结果过滤；右侧为检索结果，可按最佳匹配、最新发表、出版日期、第一作者、期刊等方式展示。

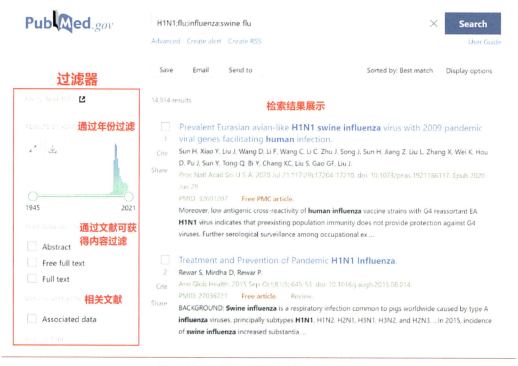

图 2-45　PubMed 基本检索结果页面 1

单击其中一条检索结果，如图 2-47 所示，进入该条结果的详情页，其内容包括题名、作者、勘误表、摘要、声明、图、类似文献、被引文献、出版类型、医学主题词（MeSH）、相关信息、链接更多外部资源等。

of **swine influenza** increased substantia ...

ARTICLE TYPE **按文献类型过滤**

☐ Books and Documents

☐ Clinical Trial

☐ Meta-Analysis

☐ Randomized Controlled Trial

☐ Review

☐ Systematic Review

PUBLICATION DATE **按出版日期过滤**

○ 1 year

○ 5 years

○ 10 years

○ Custom Range

Additional filters

Reset all filters

H1N1 influenza pandemics: comparing the events of 2009 in Mexico with those of 1976 and 1918-1919.

Franco-Paredes C, Hernandez-Ramos I, Del Rio C, Alexander KT, Tapia-Conyer R, Santos-Preciado JI.

Arch Med Res. 2009 Nov;40(8):669-72. doi: 10.1016/j.arcmed.2009.10.004. Epub 2010 Jan 6.

PMID: 20304254　Review.

Outbreaks of **influenza** A (**H1N1**) of avian- or **swine**-related origin have substantially impacted **human** populations. The most dramatic pandemic of **influenza H1N1** occurred during 1918-1919 producing significant morbidity and mortality worldwid ...

Epidemiological features of **influenza** circulation in **swine** populations: A systematic review and meta-analysis.

Baudon E, Peyre M, Peiris M, Cowling BJ.

PLoS One. 2017 Jun 7;12(6):e0179044. doi: 10.1371/journal.pone.0179044. eCollection 2017.

PMID: 28591202　Free PMC article.　Review.

BACKGROUND: The emergence of the 2009 **influenza** pandemic virus with a **swine** origin stressed the importance of improving **influenza** surveillance in **swine** populations. The objectives of this systematic review and meta-analysis were to describe epidemiolog ...

[One hundred years after the "Spanish" **flu**].

Lüthy IA, Ritacco V, Kantor IN.

Medicina (B Aires). 2018;78(2):113-118.

PMID: 29659361　Free article.　Spanish.

The "Spanish" **flu** pandemic, which occurred a century ago, is considered the most devastating in **human**

图 2-46　PubMed 基本检索结果页面 2

Affiliations ＋ expand

PMID: 32601207　PMCID: PMC7382246　DOI: 10.1073/pnas.1921186117

Free PMC article

Erratum in

Correction to Supporting Information for Sun et al., Prevalent Eurasian avian-like H1N1 swine influenza virus with 2009 pandemic viral genes facilitating human infection.

[No authors listed]

Proc Natl Acad Sci U S A. 2020 Sep 15;117(37):23194. doi: 10.1073/pnas.2017619117. Epub 2020 Sep 8.

PMID: 32900961　Free PMC article.　No abstract available.

Abstract

Pigs are considered as important hosts or "mixing vessels" for the generation of pandemic influenza viruses. Systematic surveillance of influenza viruses in pigs is essential for early warning and preparedness for the next potential pandemic. Here, we report on an influenza virus surveillance of pigs from 2011 to 2018 in China, and identify a recently emerged genotype 4 (G4) reassortant Eurasian avian-like (EA) H1N1 virus, which bears 2009 pandemic (pdm/09) and triple-reassortant (TR)-derived internal genes and has been predominant in swine populations since 2016. Similar to pdm/09 virus, G4 viruses bind to human-type receptors, produce much higher progeny virus in human airway epithelial cells, and show efficient infectivity and aerosol transmission in ferrets. Moreover, low antigenic cross-reactivity of human influenza vaccine strains with G4 reassortant EA H1N1 virus indicates that preexisting population immunity does not provide protection against G4 viruses. Further serological surveillance among occupational exposure population showed that 10.4% (35/338) of swine workers were positive for G4 EA H1N1 virus, especially for participants 18 y to 35 y old, who had 20.5% (9/44) seropositive rates, indicating that the predominant G4 EA H1N1 virus has acquired increased human infectivity. Such infectivity greatly enhances the opportunity for virus adaptation in humans and raises concerns for the possible generation of pandemic viruses.

Keywords: 2009 pandemic H1N1 virus; Eurasian avian-like H1N1 virus; pandemic potential; reassortant; swine influenza.

SHARE

PAGE NAVIGATION

< Title & authors　**题名、作者**

Erratum in　**勘误表**

Abstract　**摘要**

Conflict of interest statement　**声明**

Figures　**图**

Similar articles　**类似文献**

Cited by　**被引文献**

Publication types　**出版类型**

MeSH terms　**MeSH**

Related information　**相关信息**

LinkOut - more resources　**链接更多外部资源**

图 2-47　检索结果详情页面

2. 主题词检索

MeSH 主题词检索是 PubMed 最具特色的检索功能之一，拥有较好的查全率和查准率。如图 2-48 所示，通过 MeSH 数据库可以查询主题词、副主题词、出版类型、物质名和药物作用等，并生成检索策略。可以使用主题词、主题款目词、副主题词、出版类型、物质名或主题范畴注释中的词检索医学主题词数据库中的数据。

如图 2-49 所示，可以通过"精确匹配"（Exact Match）、"所有片段"（All

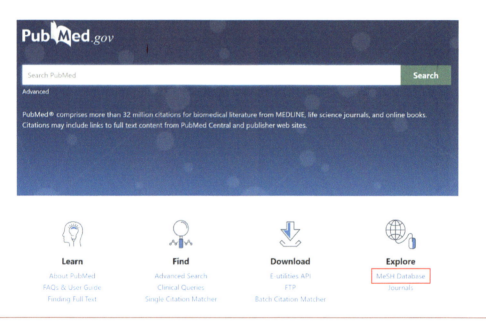

图 2-48　常规主题词检索

图 2-49　复杂主题词检索

Fragments）、"任何片段"（Any Fragment）进行主题词搜索。"精确匹配"将查找与用户的搜索词完全匹配的词，不区别大小写。"所有片段"是指以任何特定顺序搜索字符串的所有片段的术语，"任何片段"查找包含至少一个搜索字符串片段的词条。此外，查找还可以通过使用限定词、主要标题术语、MeSH 唯一标识等任何一种方式进行限制。

如图 2-50 所示，选择描述类型后，记录的详细信息显示在四个选项卡（详细信息、限定词、MeSH 树结构和概念）下方。选择限定词或补充概念记录时，记录的详细信息显示在两个选项卡（详细信息和概念）下方。记录中的字段或元素可链接到其他来源，如相关记录、范围注释中的主题词术语、层次结构位置和其他类似信息。

图 2-50　主题词检索结果信息

3. 高级检索

PubMed 的高级检索页面整合了多种对检索有用的辅助功能，可实现如下操作：限定字段检索（Searching by a specific field，页面上显示为"Builder"检索框）、浏览词索引（Browsing the index of terms，页面上显示为"Show Index"检索框）、检索历史（Combining searches using history，页面上显示为"History"检索框）、在显示检索结果前预览检索结果数（Previewing the number of search results）。

限定字段检索：可方便实现多个字段的组合检索，完成复杂的布尔逻辑运算。首先在下拉列表中选择要检索的字段，然后在检索框中输入检索词，再选择

"AND""OR""NOT"三种逻辑关系之一,即可将输入的检索词在所选字段中检索的策略以相应的逻辑关系加入到检索框中。如图 2-51 所示。

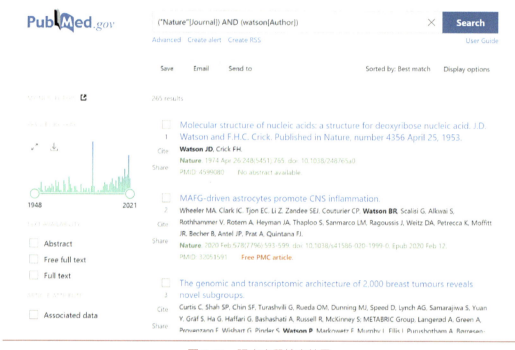

图 2-51 限定字段检索结果

浏览词索引:通过"Builder"后面的"Show Index"检索框可查询在所有字段或某一特定字段中的索引,可以从索引中选择一个或几个词来完善检索策略。如图 2-52 所示。

检索历史:检索历史按检索式运行的顺序列出检索式序号、检索策略、检索时间、

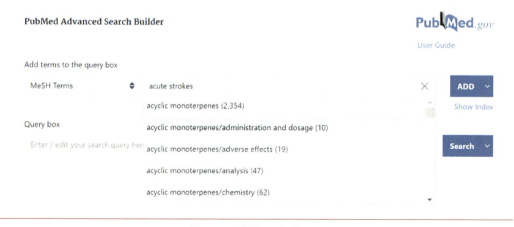

图 2-52 浏览词索引界面

检索到的文献条数等，如图 2-53 所示。单击检索式后的文献条数链接，可显示该检索式的检索结果，并可通过操作检索式序号对检索策略进行组配，如"#1 AND #2"。单击检索历史窗口下方的"Clear History"按钮可将所有检索式删除。

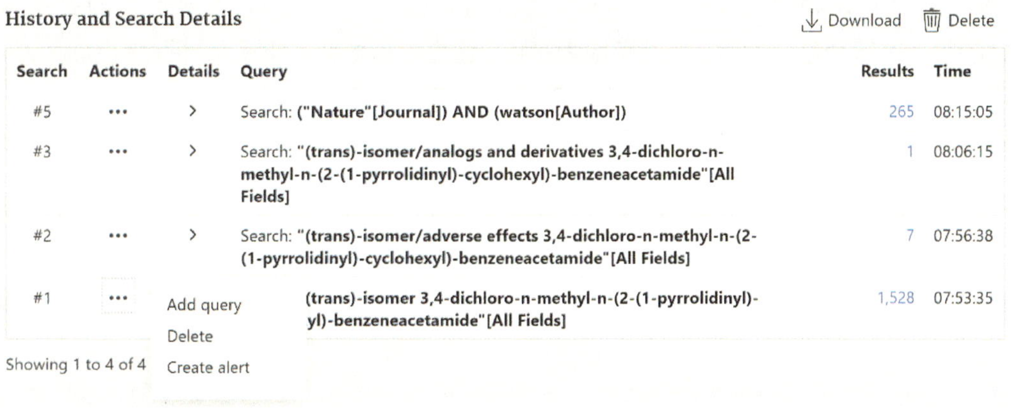

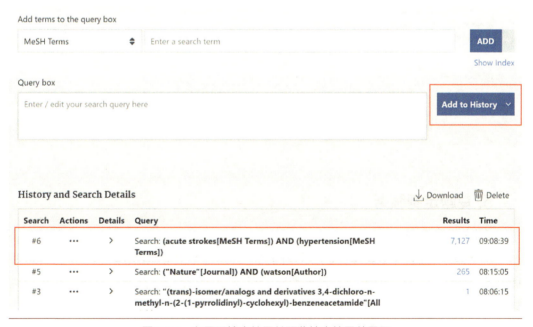

图 2-53　检索历史界面

在显示检索结果前预览检索结果数：制定好检索策略后，单击"Add to History"，可在显示文献条目之前预览检索到的文献条数，节省用户查找文献的时间（图 2-54）。通过该功能可以逐渐增加检索词来完善检索策略。

图 2-54　在显示检索结果前预览检索结果数界面

4. 个性化功能——My NCBI

My NCBI 提供个性化服务，是非常实用的文献管理工具，如图 2-55 所示。例如，PubMed 主页右上方"My NCBI"登录按钮，可通过第三方账号登录，如 Google、NIH、eRA Commons、ORCID、Login.gov 等；也可对美国国家生物技术信息中心网站的服务进行个性化设置，如保存检索策略、建立内容更新的电子邮件提醒（需确认）、保存检索结果、选择过滤器对检索结果进行分组、个性化页面定制（如检索词高亮、结果中显示网站链接）等。

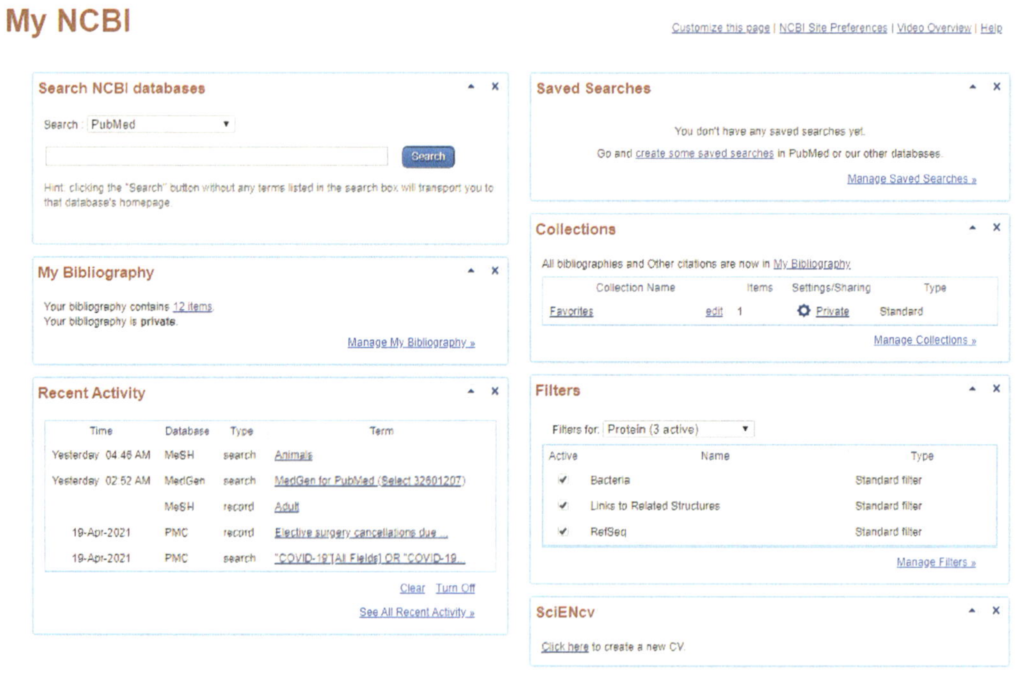

图 2-55 个性化功能——My NCBI 界面

5. 专题定制服务

（1）临床查询

临床查询（Clinical Queries）是专门为临床医生设计的检索服务，如图 2-56 和图 2-57 所示。例如，按研究主题类别显示有关 2019 年新冠病毒的文献，可以开展以下信息的检索：

1）按临床研究类别查询（Search by Clinical Study Category）。查找疾病的病因、

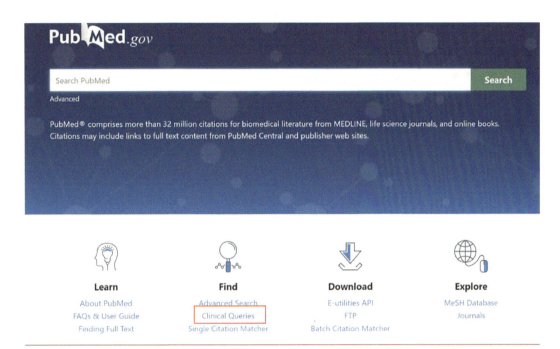

图 2-56　临床查询功能入口界面

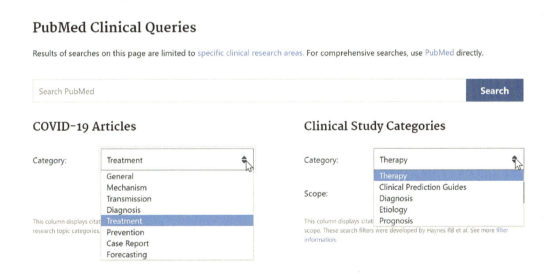

图 2-57　临床查询主界面

诊断、治疗、预后及临床预测指导相关文献，综合考虑检索结果的敏感性（broad 和 sensitive search，查全率较高）与特异性（narrow 和 specific search，查准率较高）。

2）系统性的文献查询。提供一般、机理、传播、诊断、治疗、预防、病例报告、预测等医学文献。

（2）"健康公民 2020"结构化查询

"健康公民 2020"（Healthy People 2020，HP2020）计划提出了指导美国促进健康和预防疾病工作的国家目标，制定了 42 个主题领域的 600 个公共卫生目标，这些目标为监测和衡量卫生状况改善情况提供了框架。美国国立医学图书馆同卫生与公众服务部疾病预防和健康促进办公室合作，基于 PubMed 开发了"健康公民 2020"结构化查询（图 2-58），可快速找到与"健康公民 2020"目标相关的、经过同行评审的文献，还可以按年龄组、性别、发布日期等进一步缩小 PubMed 搜索范围，通过在线访问全文或者其他方式实现文献订购，并提供与外部相关资源的链接。

图 2-58   "健康公民 2020"结构化查询主页

如图 2-59 所示，选择"健康公民 2020"的"糖尿病"主题领域中"目标 D-1：减少人口中每年诊断出的新糖尿病病例数"，即可搜索与该主题领域中目标 D-1 相关的文献，检索结果如图 2-60 所示。

图 2-59　"健康公民 2020"指标页面

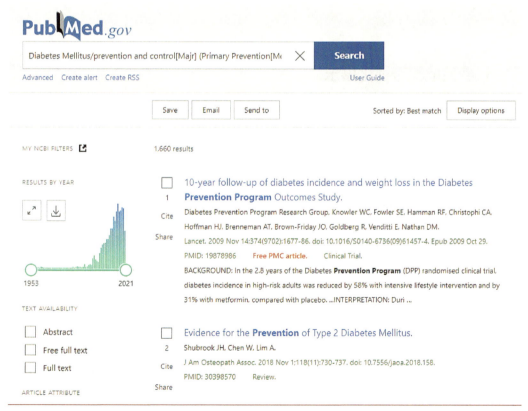

图 2-60　"健康公民 2020"检索结果页面

2.6 约翰斯·霍普金斯大学新冠肺炎疫情专题服务平台

2.6.1 概述

在新冠肺炎疫情暴发的真实场景中，为了应对这类公共卫生紧急情况，约翰斯·霍普金斯大学开发了一个基于网络的交互式仪表板，即疫情地图专题（https://www.arcgis.com/apps/dashboards/bda7594740fd40299423467b48e9ecf6），由约翰斯·霍普金斯大学的系统科学与工程中心（CSSE）托管，以实时可视化和跟踪报告的病例。该专题于 2020 年 1 月 22 日首次公开共享，显示了受影响国家 / 地区已确认的新冠肺炎确诊病例的位置和数量、死亡和康复情况。它的开发旨在为研究人员、公共卫生当局和公众提供一种用户友好的工具，以跟踪疫情的进展。

2.6.2 核心功能

1. 疫情地图可视化展示

疫情地图可视化主要包括世界地图可视化和美国地图可视化两个板块。例如，在世界地图可视化板块，以地图、曲线图、柱状图等形式展示了全球累计确诊病例数量，以及世界各国累计确诊病例数量、病死量和治愈量等；在美国地图可视化板块，展示了美国各州的累计确诊数量，现有病例数量、发病率、病死率、检测率、住院率，以及美国累计确诊趋势和美国每日新增确诊波动趋势等，并提供多种底图供用户选择。

2. 数据资源公开且可免费获取

疫情专题所有收集和显示的数据都可以免费使用，其数据来源及下载说明如图 2-61 所示。数据收集和处理从起初的手动进行，已经发展到现在的半自动化实时数据流策略。数据源主要来自多个国家政府卫生部门以及权威数据网站，如 https://coronavirus.1point3acres.com/、https://www.worldometers.info/、https://covidtracking.com/、丁香园等，其完整的资源列表保存在 CSSE COVID-19 GitHub 存储库中（图 2-62），约翰斯·霍普金斯大学的团队负责协调所有仪表板数据的管理和更新。

图 2-61　约翰斯·霍普金斯大学疫情地图

图 2-62　CSSE COVID-19 GitHub 存储库

3. 关键趋势分析

全球各地的新冠肺炎疫情数据为约翰斯·霍普金斯大学开展趋势分析提供了支撑。关键趋势分析模块设置了美国各州的新冠政策、病例及死亡情况查询统计，医院收治病人的 7 天内变化趋势，2020 年以来确诊、死亡、住院治疗趋势分析等主题

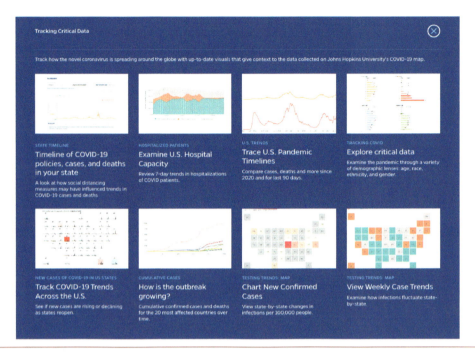

图 2-63　关键趋势分析模块首页

（图 2-63）。以上主题均以"文字说明＋曲线图柱状图等可视化"相结合的模式呈现。用户通过下拉框任意选择地区，查看该地区采取不同的防疫措施期间确诊、死亡等情况的变化趋势，如图 2-64 所示。同时，系统还通过柱状图展示了受疫情影响较严重国家的死亡率，如图 2-65 所示。

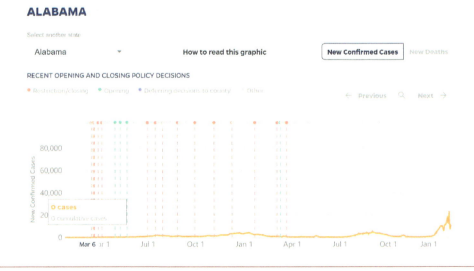

图 2-64　美国各州的新冠肺炎疫情政策与病例及死亡情况之间的变化统计

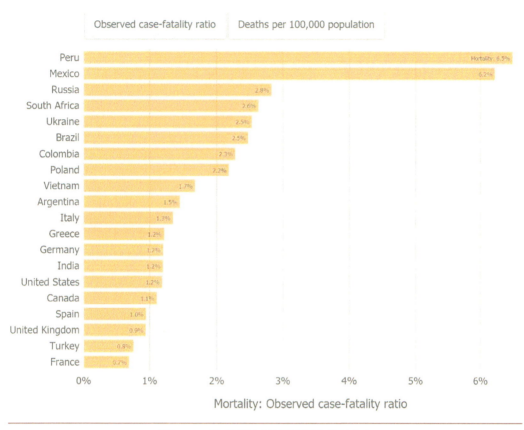

图 2-65　受疫情影响较严重国家的死亡率

2.7 联合国教科文组织技术合作小组专题服务平台

2.7.1 概述

　　联合国教科文组织技术合作小组（Technical Cooperation Group，TCG）专题服务平台（https://tcg.uis.unesco.org/）是针对联合国 2030 年可持续发展目标 4（SDG4）打造的专题服务平台，以公开、包容、透明的方式讨论和制定用于监测 2030 年教育目标的指标。TCG 专题服务平台由联合国教科文组织统计研究所（UIS）研发，全面展示 TCG 相关资源（图 2-66），包括 TCG 历次会议、SDG4 工具包、SDG4 指标数据、SDG4 指标数据可视化等。

图 2-66　TCG 首页

2.7.2 核心功能

1.TCG 大事记

　　TCG 大事记模块清晰全面地提供了 TCG 各类型各层级的会议信息，包括区域会议、网络研讨会以及 TCG 六次工作会议，其内容包括会议报告、工作文件、参考文件等多类型资源，且均提供免费下载权限，如图 2-67 所示。

图 2-67　TCG 大事记模块

2. SDG4 工具包

SDG4 工具包模块包含 SDG4 指标及元数据两部分内容，均为 TCG 的核心部分。

SDG4 指标以列表方式展示，并提供了 SDG4 指标的元数据文档在线浏览或下载功能（图 2-68）。

图 2-68　SDG4 指标

1）用户首先可清晰地获取指标概况，并在此基础上能进一步深入获取其指标详情。

2）SDG4 元数据模块实现 SDG4 指标元数据描述的模块化查询和展示，方便用户快速定位并获取特定指标元数据描述详情，如图 2-69 所示。

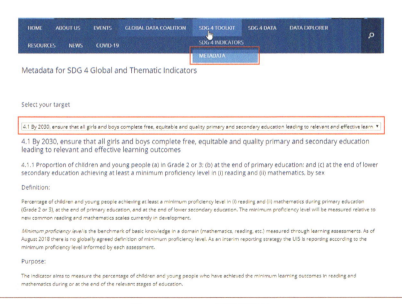

图 2-69　SDG4 元数据模块

3. SDG4 数据

SDG4 数据模块包含四类数据（图 2-70），用户均可免费获取。① SDG4 目标数据，系统提供了 Excel 及 CSV 两种格式（图 2-71）；② 200 多个国家和地区的各级教育数据（图 2-72），用户可通过访问联合国教科文组织统计研究所全球教育数据库免费获取，并提供查询等功能；③ 允许开发人员和研究人员通过 API 获取 SDG4 数据；④ 以易于理解的图表形式提供国家在 SDG4 方面的最新概况（图 2-73）。

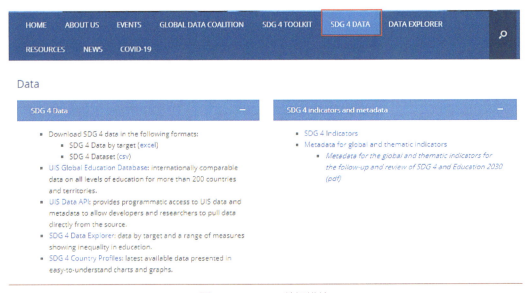

图 2-70　SDG4 数据模块

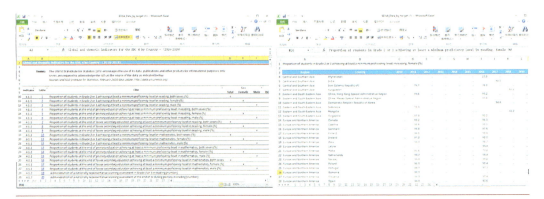

图 2-71　Excel 的 SDG4 目标数据

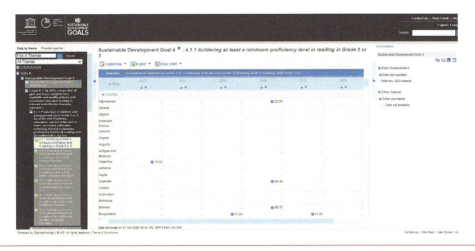

图 2-72　联合国教科文组织统计研究所全球教育数据库查询页面

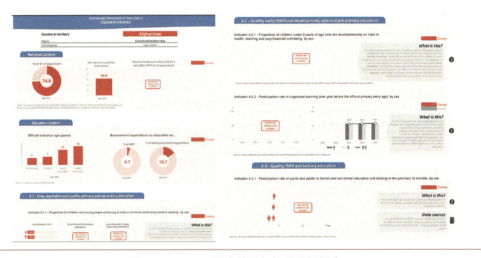

图 2-73　SDG4 国家的最新概况分析报告

4. SDG4 数据可视化

系统将十类 SDG4 指标数据按 SDG4 指标元数据文档的结构进行了多维度综合查询与详细分析，并实现了查询分析结果可视化展示。第一，将最新指标数据按国家、地区、年份、性别等进行了分类以实现综合查询，查询结果实现地图空间化展示。第二，通过地图查看某国家或地区的 SDG4 指标详细信息，以曲线图、散点图等方式呈现了国家或地区 SDG4 指标的趋势，同时根据散点图中的颜色区别，标识出该国家或地区 SDG4 指标所处水平。第三，将每个指标按国家或地区进行分类，用户可查看发展趋势详情，如图 2-74 所示。第四，提供该指标最新数据获取地址，且上述查询可视化结果均可下载（PDF 等格式），如图 2-75 所示。

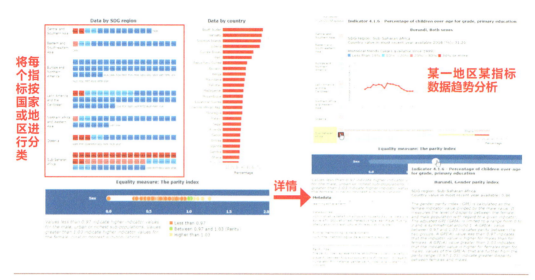

图 2-74　SDG4 指标数据可视化展示 1

图 2-75　SDG4 指标数据可视化展示 2

2.8　拟南芥信息资源平台

2.8.1　概述

拟南芥信息资源平台（The Arabidopsis Information Resource，TAIR，网址为 https://www.arabidopsis.org/），成立于 1999 年，是国际上最权威的拟南芥基因组数据库和拟南芥基因组注释系统，具有丰富的数据资源和最新的注释信息。除数据外，TAIR 还提供多种生物信息学工具供用户分析处理数据，被《自然》誉为"世界上最有价值的植物遗传数据库"。除对植物研究不可或缺外，TAIR 在国际生物信息和数据库领域也有很高的地位。TAIR 是基因本体联合会（Gene Ontology Consortium，GOC）的创始单位之一，直接参与生物数据注释（biocuration）的标准制定，是基于本体的国际领先数据库。

　　TAIR 数据资源非常丰富，保存和整合了有关基因、蛋白质、基因功能、同源基因表达、突变表型、克隆和种子库存等生物材料、遗传标记、遗传和物理地图、基因组组织、突变植物图像、蛋白质亚细胞定位、出版物和研究社区的信息。TAIR 通过各种基于 Web 的搜索和显示工具实现了各种数据类型的高度关联，共包括 8 项功能（图 2-76），分别为检索、浏览、工具、门户网站、下载、提交、新闻、库存，其中检索及提交这两项功能与知识服务高度相关。

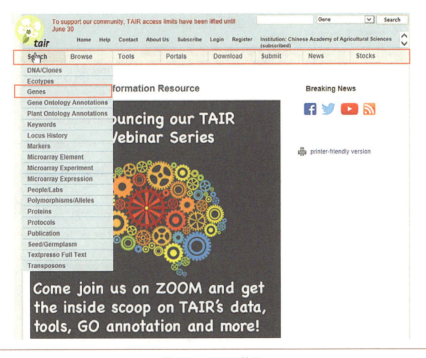

图 2-76　TAIR 首页

2.8.2 核心功能

1. 实现基因、蛋白、文献等不同数据类型资源的高度关联检索

　　1）TAIR 中的数据通过搜索结果和详细信息页面上的超链接实现广泛互联，这种关联数据网络不容易通过超链接以二维表格格式表示，因此相关数据可以通过一个或

多个超链接分隔。以"基因"搜索结果为例，详细介绍不同数据类型之间的高度关联。输入基因名称"AT5G67030"，其检索结果非常丰富（图2-77～图2-80），其详细信息页面整合并提供了指向序列、相关基因模型、图谱、蛋白质特性、等位基因、克隆、种质、遗传标记和相关出版物的链接。此外，系统还关联了位于俄亥俄州立大学的拟南芥生物资源中心（Arabidopsis Biological Resource Center，ABRC）订购库存，如克隆和种质。

　　2）与基因本体（Gene Ontology，GO）、植物本体（Plant Ontology，PO）注释信息，以及克隆、蛋白质数据资源相关联，嵌入GBrowse分析工具。如图2-77所示，a部分为该基因的其他名称、描述等基本信息。b部分为其他基因模型/地图图像，单击其他基因模型名称将打开其详细信息页面，地图图像实现了GBrowse分析工具的嵌

图2-77　输入基因名称"AT5G67030"的检索结果1

入，单击图像将进入 **GBrowse** 分析工具页面。c 部分为基因功能、生物学作用和定位，包含所有被指定用于描述基因产物的分子功能、生物学作用、亚细胞定位和表达的受控词汇，如 GO 注释、PO 注释等，实现了基因与 GO、PO 的关联。d、e、f 部分与基因组序列、蛋白质序列、克隆、蛋白质等多类型资源关联。

　　3）关联种质资源、等位基因及多态性信息。如图 2-78 所示，i 部分为等位基因及多态性信息，位点内映射的所有多态性都显示在多态性部分，同时变异类型也包括在不同生态型和诱导突变中发现的自然变异，这些突变是由序列同一性和从文献中提取的等位基因映射获取的，用户可进一步单击多态性的名称获取相关多态性的详细信息。

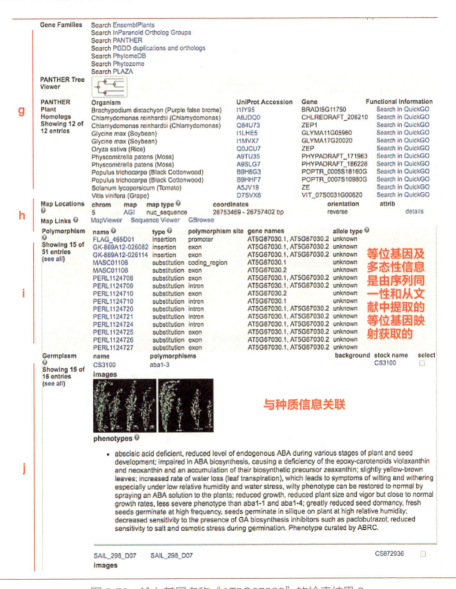

图 2-78　输入基因名称"AT5G67030"的检索结果 2

j 部分与种质信息进行了关联，提供了一个位点可用的所有种质的信息。

4）关联 ABRC 订购库存、外部链接等资源。如图 2-79 所示，k 部分为与位点相连的克隆及来自感兴趣位点的序列，如果克隆是 ABRC 订购库存，则该信息将与选择要订购的库存选项一起显示，实现了与克隆、ABRC 的关联。l 部分是外部链接，提供与该基因相关的其他网站视图或信息。TAIR 提供了指向其他数据库和网站［如 Araport 拟南芥信息门户网站、NCBI 和德国慕尼黑蛋白质序列信息中心（MIPS）的拟南芥基因组数据库］中相应页面的链接，外部链接的类型包括其他拟南芥基因组注释数据库、基因表达数据库和功能基因组学位点，以及用于进一步分析的工具。链接按数据类型分组，如基因组学、表达/定位或交互。TAIR 还提供到蛋白质和化合物数据库 UniProt 和 NCBI 参考基因组的链接。

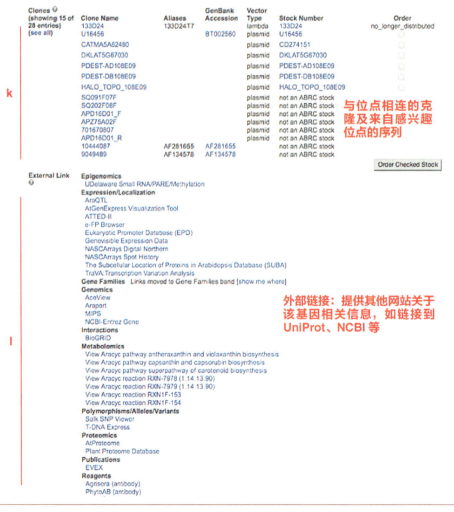

图 2-79　输入基因名称"AT5G67030"的检索结果 3

5）用户参与评论、维护、完善；关联论文等出版物；数据维护全过程可追溯。如图 2-80 所示，m 部分为社区评论，该部分增加了 TAIR 用户参与度，支持用户提供其他额外数据、修正错误数据或补充遗漏的数据。n 部分是与该基因相关的出版物信息，如论文、会议摘要均显示在详情页的底部，出版物包括 PubMed、Agricola 和 BIOSIS 的已发表文献，以及拟南芥研究国际会议的摘要。单击出版物的标题将打开新的详细记录链接，在那里用户可以阅读摘要，链接到 PubMed 引文、相关的位点和注释，并在 TAIR 的社区中找到作者。o 部分是历史记录更新，在此处可以合并、拆分或插入记录，为了保证信息的完整性和可追溯，TAIR 保持对基因相关信息的更改历史。

图 2-80　输入基因名称"AT5G67030"的检索结果 4

2. 采用"社区＋人＋期刊"的模式实现 TAIR 资源数据扩充

数据爆炸时代，面对有限的资源，如何跟上数据增长的步伐已成为科学数据库及研究界的难题。TAIR 采用了"社区＋人＋期刊"的模式来实现其资源数据的扩充和完善，该模式主要包括两个方面。

1）为用户提供社区驱动的基因注释等信息在线提交服务，让用户参与到 TAIR 数据资源建设中。一方面通过提交服务，对扩展 TAIR 上的数据资源做出贡献；另一方面增加了用户的参与度、归属感以及使用 TAIR 的热情。如图 2-81 所示，用户需要使用 TAIR 在线注释提交工具（TOAST）来提交数据，数据提交主要分为逐条、批量两种方式，可以提交已经发表或还未发表论文的基因数据，提交后由社区研究人员对其进行审核。

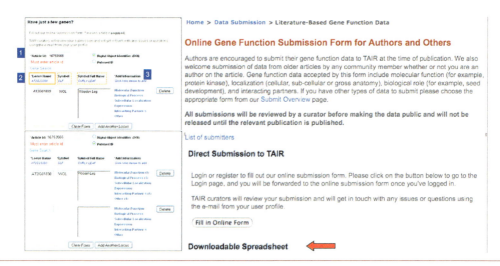

图 2-81 逐条及批量数据提交界面

2）TAIR 的创新期刊合作模式——将数据提交发布与出版物相结合。TAIR 与期刊合作伙伴开展了新模式合作，将用户提交的基因数据，经过社区研究人员审核，实现与文献的关联发布；对于还未正式发表的论文，系统将会待正式发表后，实现与文献的关联，随即进行发布。例如，Plant Physiology 和 TAIR 开展了这项合作，实现了 Plant Physiology 刊物的文献与 TAIR 数据库中基因数据的关联发布（图 2-82）。

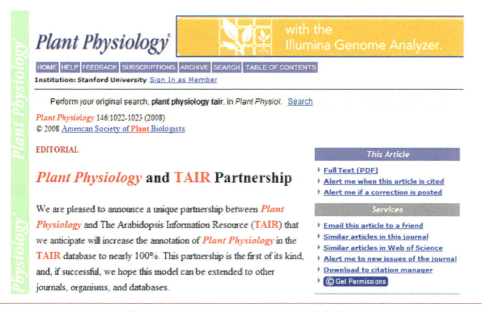

图 2-82 Plant Physiology 和 TAIR 的合作

2.9 医景网

2.9.1 概述

医景网（https://www.medscape.com/）是美国最大医疗健康服务信息平台 WebMD 旗下的网站，主要提供医学期刊论文、医药新闻、案例报告、药物搜索等。系统包括新闻与观点、药物与疾病、继续教育、学院、视频五个模块。其中，药物与疾病模块中的工具类模块与中国工程科技知识中心知识工具应用服务类似，其特点是汇聚了药物与疾病的相关工具，按内容分为五类（药物互相作用检查器、药丸标识符、计算器、交互式诊断、联机医学文献分析和检索），如图 2-83 所示。

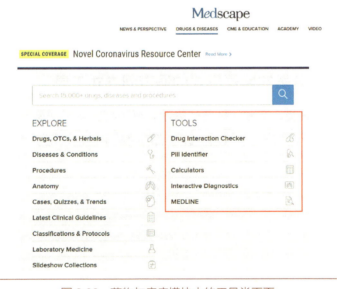

图 2-83　药物与疾病模块中的工具类页面

2.9.2 核心功能

1. 关键词检索工具

药物互相作用检查器、药丸标识符、联机医学文献分析和检索均是通过输入关键词来实现其检索功能（图 2-84），界面简洁。

药物互相作用检查器　　　　　　　　　　**药丸标识符**

联机医学文献分析和检索

图 2-84　关键词检索工具

2. 基于主题分类的目录形式的调查问卷式工具

计算器模块按分类、字顺两种方式展示，其内容主要是问答形式的计算筛选，这种问答形式界面友好，用户易于理解，针对当前突发事件也设定了计算筛选。如图 2-85

图 2-85　计算器模块问答形式的计算工具示例

所示，通过问答形式预测住院的新冠肺炎患者发生入住重症加强护理病房（ICU）、机械通气或死亡情况的概率。

3. 基于病例的交互式诊断工具

为用户免费提供患者病例与患者电子计算机断层扫描（CT）多平面重建的交互，以更好地显示和解释疾病的位置和范围（图 2-86）。图 2-87 展示了患者每天的 CT 情况以及随时间变化的 CT 3D 动画。用户通过单击并拖动基于网站的查看器即可了解到以上信息，这种直观的可视化展示具有操作简单方便、所有显示均在同一页面完成、用户一目了然且易于理解的特点。

Interactive Diagnostic Modules

Interact with multiplanar CT reconstructions of patient case studies to better visualize and interpret the location and extent of disease. Click and drag in the web-based viewer; scan through the axial, coronal, and sagittal views; and view an animated 3D reconstruction.

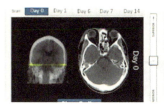

Traumatic Brain Injury in a 39-Year-Old Man: Interactive CT Case Study

Interactive module presenting a case of a 39-year-old man who was brought to the emergency department after a fall from a 70-foot ladder. Click the 'Show findings' button to locate the bleeding and subsequent drainage in the series of scans from Day 0 through Day 14. Click on the second tab to compare transverse sections across all time points.

Medscape, November 18, 2015　💬 13

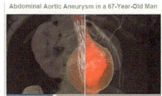

Abdominal Aortic Aneurysm: Interactive CT Case Study

Interactive module presenting a case of a 67-year-old man with pre and post repair of an infrarenal abdominal aortic aneurysm (AAA). Locate the pathologic finding by moving the slider along multiplanar axes. View both planning and post-repair contrast-enhanced CT scans. Click the adjacent tab to play a 3D reconstruction of the mass in situ.

Medscape, August 28, 2015　💬 7

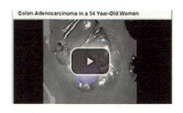

Adenocarcinoma of the Colon: Interactive CT Case Study

Interactive module presenting a case of colon adenocarcinoma. Locate the pathology by moving the slider along multiplanar axes. View both supine and prone contrast-enhanced CT scans. Click the adjacent tab to play a 3D reconstruction of the mass in situ.

Medscape, July 30, 2015

图 2-86　交互式诊断界面

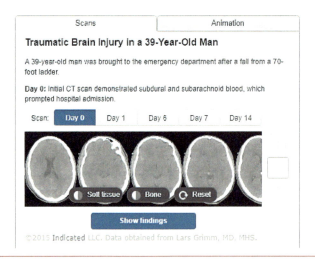

Drugs & Diseases > Medscape > Interactive Diagnostic Modules

Traumatic Brain Injury in a 39-Year-Old Man: Interactive CT Case Study

Editor: Yonah Korngold

DISCLOSURES | November 18, 2015

13 Read Comments   f   ▸   in   ✉   🖶

Traumatic brain injury (TBI) is the result of an external mechanical force applied to the cranium and the intracranial contents, leading to temporary or permanent impairments, functional disability, or psychosocial maladjustment. [1,2]

Click on each "Day" tab and drag the slider to view the slices, then click on "Show findings" to identify the observations. Finally, click the "Animation" tab to compare the scans across all time points simultaneously.

Scans	Animation

Traumatic Brain Injury in a 39-Year-Old Man

A 39-year-old man was brought to the emergency department after a fall from a 70-foot ladder.

Day 0: Initial CT scan demonstrated subdural and subarachnoid blood, which prompted hospital admission.

Scan: **Day 0**   Day 1   Day 6   Day 7   Day 14

Soft tissue   Bone   ↻ Reset

Show findings

©2015 Indicated LLC. Data obtained from Lars Grimm, MD, MHS.

图 2-87   患者病例详情页

2.10 中国知网

2.10.1 概述

中国知网（National Knowledge Infrastructure，CNKI，网址为 https://www.cnki.net）。一方面，中国知网改变传统出版模式和服务模式，打通出版上下游，构建基于大数据的一体化新型出版传播平台，推进以协创出版、数据出版、增强出版、优先出版、碎片化出版为主的新型出版模式转型，实现了富媒体呈现、网状立体化、动态可交互的复合出版物，为公众提供全新阅读学习体验，引领人文创新知识服务转型。另一方面中国知网实现出版内容、形式、传播手段的全面升级，为各行业领域构建行业知识服务平台，打造反映本地、本机构特色的个性化平台，建设面向行业、机构、岗位、业务的综合服务平台。此外，中国知网还基于动态知识图谱实现异构多源数据融合，为各行业大数据整合应用提供智慧解决方案。例如，在文博行业，打造了博物馆业务服务平台、考古所知识服务平台、文物保护专题数据库、敦煌学信息资源库、秦陵学术资源网等产品。

中国知网创新出版、服务模式，拓展资源整合范围和知识服务范围，将逐步实现内外部知识和业务大数据整合、各类画像和图谱知识管理的场景化和智能推送、融合业务大数据，为全社会提供精准、智能服务，支撑集体协同创新。

2.10.2　特点

1. 采用知识网络自动构建技术，实现了文献多维度关联与挖掘

中国知网基于知识元抽取技术，从知识管理与知识服务的理念出发，首创以"知网节"为形式的知识组织方法，多角度揭示了文献的内容关联，并研发了在海量文献中自动构建知识网络的技术与方法（杨洋和田辛玲，2019）。目前，中国知网已经构建了引证文献知识网络、作者知识网络、概念知识网络、相似文献知识网络、读者阅读知识网络、概念知识网络、图片知识网络等各种维度的知识网络。

"知网节"是提供单篇文献的详细信息和扩展功能的浏览页面，它包含单篇文献的题录摘要和该文献各种扩展信息的汇集点。这些扩展信息通过概念相关、事实相关等方法揭示知识之间的关联关系，达到知识扩展的目的，有助于新知识的学习、发现、获取（王兰成和蓝天，2011）。目前，支持的扩展信息有文献基础知识元、参考文献、引证文献、相似文献、读者推荐文献、相关作者、相关研究机构、中图法分类导航等。"知网节"利用文献的基础元数据、引证关系、学科分类、相似度等构建的知识网络可以无限扩展。知识网络构建技术把中外文学术文献存在的固有关系挖掘、整理出来，帮助读者全面、系统地发现知识。

2. 拓展大众阅读，实现精准化、深度化学习

在全民阅读的时代背景下，围绕阅读推广的需要，中国知网以实现精准化、深度化的知识阅读为目标，依托中国知网 20 多年来知识服务的发展理念，整合期刊、论文、报纸、百科、年鉴、图片等各类型资源，围绕各种主题，从不同的维度进行精细化、深度化的阅读拓展，构建起系统化、深度化的探究式阅读空间。每一本书、每一段故事，皆可以延展出纵横交错的知识体系。关于阅读，不仅是在读文字，中国知网更是希望通过阅读构建起自己的知识体系，从而真正达到精准化、深度阅读的目的。

2.10.3 基于知识图谱的大数据融合应用平台

中国知网推出"基于知识图谱的大数据融合应用平台"。该平台涵盖数据共享与交换、数据治理、智慧化应用的一体化数据融合应用。基于知识图谱的数据融合包含数据图谱、百科图谱、事件图谱、知识图谱和用户图谱五部分。其中，知识图谱是最核心的，它来源于海量知识数据的挖掘，既有基于技术层面的创新，也有利用行业专家专业化知识完成的构建。各类图谱的知识化融合面向全网搜索，提供数据分析、推理等智能化服务。

2.10.4 行业知识服务与知识管理平台

中国知网打造各行业的知识服务管理平台，在垂直领域内进行精准服务。以农业为例，其智慧农民云平台（图 2-88）的核心功能具体如下。

1. 在线学习

以"农业科技网络书屋"（图 2-89）权威出版的海量数字资源为核心，深度整合广大用户产生的原创资源，构建农业数字资源中心，实现资源共建共享，旨在为农技人员等涉农人群提供最新、权威、实用、前沿的农业科技信息。

2. 在线管理

面向农技推广机构等搭建农技推广移动服务体系，以现代信息技术手段对农业从业者进行科学管理，提高各级农技推广机构行政效率，满足农业专家、农技推广人员等获取知识和经验交流的需求，提升农技推广人员的素质。

图 2-88　智慧农民云平台首页

图 2-89　农业科技网络书屋——在线学习首页

3. 在线交流

聘请全国农业领域权威专家，建设专家库，构建"专家服务绿色通道"（图 2-90），专家提供诊室咨询、一对一咨询、论坛等咨询答疑服务，实时在线解答农技员、农户等咨询的问题，加大农业科技成果在基层的应用转化。

图 2-90　农业科技网络书屋——专家在线系统功能首页

4. 在线培训

各省份专家、培训讲师等入驻师资库，结合产业特色，有针对性地开发课程体系和教学资源，个性化开班教学，提供教材、课程、作业与考试、学分管理等一站式培训服务，定向培育新型职业农民，打造现代化农业生产经营队伍。

5. 在线信息

搭建农村电子商务平台，农技员推荐并代言本县／区特色、高品质的农产品，为农户代销，增加了农产品分销渠道，平台交易大幅缩减了农产品交易的中间环节，提高了流通效率，加快了智慧农业的发展进程。

6. 智能优化检索

提供站内各个资源库（共享资源）的集成检索功能，同时可整合 STM 中文智能信息处理平台，针对资源进行深度挖掘，为读者提供智能化的检索和相似资源的推荐等，使得用户能够快速找到需要的资源。

2.11 万方数据知识服务平台

万方数据知识服务平台（https://www.wanfangdata.com.cn/index.html）主要包括万方检测、万方分析、万方学术圈、科慧、万方选题等模块（图 2-91）。本小节重点介绍万方分析、万方学术圈、科慧三类知识服务。

图 2-91　万方知识服务首页

2.11.1 万方分析

万方分析通过为科研工作者及科研管理者提供深度数据分析服务来赋能学术研究及科研管理，包含学术统计分析和学科发展评估两方面。学术统计分析依托学术论文、期刊论文、学位论文、会议论文、科技报告、科技成果、专利等数据资源提供学术计量统计分析服务，包含多维度统计分析、个性化对比分析、可视化展示结果、一键式报告导出等功能，分为主题分析、学者分析、机构分析、学科分析、期刊分析、地区分析六个模块。下面以主题分析、学者分析、地区分析为例进行介绍。

1. 主题分析

主题分析是探究主题领域知识脉络变化，用数据支撑主题研究，把据国内外主题研究走势，探究主题渗透的学科领域，发现主题相关的专家学者，了解主题相关的基金资助等。以"人工智能"为例，其主题分析结果主要包括总览、可视化展示、相关推荐三部分（图2-92）。总览主要包括主题词知识脉络，以及学术产出、学术影响、

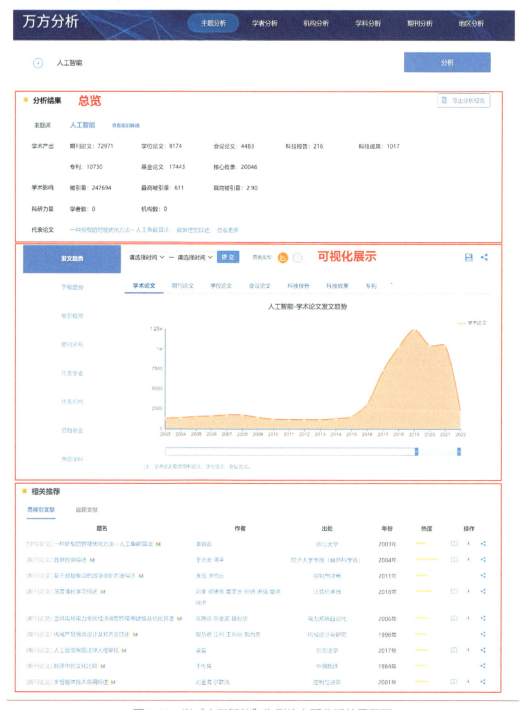

图2-92 以"人工智能"为例的主题分析结果页面

科研力量、代表论文等的数量统计，其中主题词知识脉络包括总览、发文趋势、学科分布、相关主题词、学者、机构、文献的推荐；可视化展示主要是基于万方数据知识服务平台特有的数据资源，从发文趋势、下载趋势、被引趋势、期刊分布、代表学者、代表机构、资助基金、渗透学科共 8 个方面实现折线图等可视化展示；相关推荐是以列表形式推荐了最新文献和高被引文献。

2. 学者分析

学者分析是追踪专家学者科研动态，把握研究前沿及未来风向，了解学者文献产出状况，探究学者研究主题演变，发现学者间的合作关系和引证关系。学者分析结果模块与主题分析类似，主要包括总览、可视化展示、相关推荐三部分。总览主要包括学者知识脉络（图 2-93）、学术产出、学术影响、代表论文的数量统计等；可视化展示主要是基于万方数据知识服务平台特有的数据资源，从发文趋势、下载趋势、被引

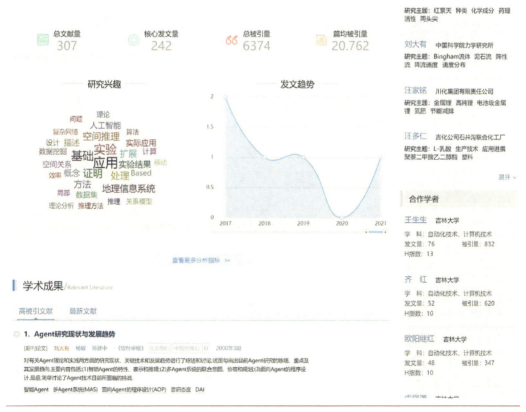

图 2-93　学者知识脉络

趋势、研究主题、资助基金、学者合作、学者被引、学者引用共 8 个方面实现了折线图等可视化展示；相关推荐是以列表形式推荐了最新文献和高被引文献。

3. 地区分析

地区分析是把握中国各省份学术发展状况，用数据赋能区域学术合作，分析各省份学术产出，揭示各省份学术影响情况，了解科研基金使用情况，把握各省份人才分布情况。以"北京"和"天津"为例，对比两地在诊断学领域的成果，如图 2-94 所示，分析结果从文献统计、下载统计、引文统计三个方面进行可视化分析展示。文献统计主要包括文献量、基金论文量、核心论文量、发文趋势；下载统计主要包括下载量、下载趋势；引文统计主要包括被引量、篇均被引量、被引趋势、篇均被引趋势。用户可以一键导出分析报告。

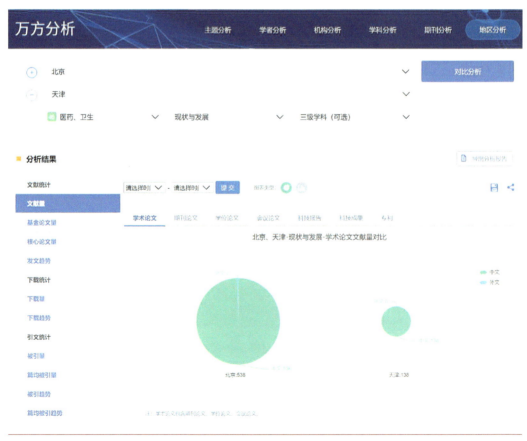

图 2-94   万方地区分析结果页面

2.11.2 万方学术圈

万方学术圈引入社区驱动理念,为用户创造了一个学术交流分享的窗口和平台,主要包括热门学者、热门主题、大家都在学术圈三个模块,如图 2-95 所示。热门学者主要包括系统自动推荐同领域学者、一键关注热门学者;热门主题是以词云的方式展示与推荐;大家都在学术圈包括结识学术好友、管理学术主页、管理学术成果、交流学术心得。

图 2-95　万方学术圈首页

1. 热门学者

热门学者详情页主要包括成果总览、成果列表、合作网络、相关学者、关注他的人。成果总览通过饼图、曲线图进行可视化展示；成果列表按年份、类型、作者类型等方式，以列表形式筛选该学者的成果；合作网络展示了该学者与其他学者的合作关系；相关学者展示研究相关领域的其他学者信息；关注他的人展示了该学者的关注度和影响力。

2. 我的学术圈

登录进入我的学术圈页面，如图 2-96 所示，主要包含最新动态、我的动态、创建学术主页、感兴趣的主题等模块。其中，创建学术主页包括制作精美个人成果书、下载个人成果书、拥有展示自我的学术主页、管理学术成果、被其他学者关注、分享学术动态等功能。

图 2-96　我的学术圈页面

此外，单击图 2-96 中的"社区"，将进入万方社区页面，通过万方社区可以实时掌握万方最新动态、管理个人学术成果、与其他学者进行互动、成果分享，从而提升用户参与度及万方数据知识服务平台热度（图 2-97）。

图 2-97　万方社区页面

2.11.3 科慧

科慧主要是追踪全球科研资助态势，助力科研创新，包含申报指南、浏览导航、统计分析、服务资源四个模块。其中，2020 年 6 月科慧新上的申报指南模块支持课题申报政策的检索查询，目前免费开放，其余三个模块均收费。

1. 数据资源

科慧涉及多类型数据资源，主要包括出版物、科研人员、承担机构、科研项目、申报指南、学科领域、资助机构。

出版物：来源于万方数据知识服务平台，聚焦于各基金资助机构资助项目产生的期刊论文、专利论文、会议论文、硕博论文、科技报告等科技成果，旨在形成投入－产出关联，延展科研数据服务链条。

科研人员：收录各国科研基金资助机构资助项目的项目主持人。未来，将打通万方数据知识服务平台现有的"万方学术圈"，并将其嵌入科研人员的科研流程中，支撑个性化科研信息服务。

承担机构：来自于全球主要科研基金资助机构历年来资助的各类科研机构、高等院校、企业等，借助万方数据知识服务平台机构规范库对此类机构进行规范，支持后续信息分析。

科研项目：平台动态追踪国内外主要科研基金资助机构资助项目的立项实时动态，通过采集、解析、规范、自动分类、关联等操作，努力构建完整、准确、丰富的科研项目数据库。平台跟踪的科研项目数据均可追溯至科研基金资助机构官网可查的最早年份数据。截至 2020 年 7 月，已经收录了美国、中国、英国、德国、法国、日本、澳大利亚、加拿大等国资助的 500 多万项科研项目数据。

申报指南：平台动态追踪国内主要科研基金资助机构，实时监测科研立项项目前序关联的项目申报指南动态，为科研工作者提供及时的课题申报机会提醒。

学科领域：平台分别选用第四版中图分类法和新西兰／澳大利亚学科分类体系作为中、英两套分类体系，通过直接映射、机器学习等综合方法实现科研项目的学科分类规范，所用分类体系细至二级分类。

资助机构：平台对中国、美国、加拿大、英国、德国等国近 100 个科研资助团体（200 多个科研资助机构）实施常规的动态跟踪。资助机构覆盖各国家公立资助机构和重要的非营利私立基金机构。

2. 申报指南模块

申报指南模块动态追踪国内主要科研基金资助机构，实时监测科研立项项目前序关联的项目申报指南动态，动态管理申报指南，如"是否失效"等状态信息，为科研工作者提供及时的课题申报机会提醒（图 2-98）。

图 2-98　申报指南模块

3. 服务案例

基于对出版物、科研人员、承担机构、科研项目、申报指南、学科领域、资助机构、国家的分析，平台形成了丰富的多类型、多领域的案例报告，如国家社会科学基金资助态势分析报告、全球顶尖私人科研资金资助流向分析等，如图 2-99 所示。

图 2-99　服务案例

第 **3** 章

中国工程科技知识中心
知识服务实践案例

3.1 中国工程科技知识中心概况

中国工程院是中国工程科学技术界最高荣誉性、咨询性学术机构，由院士组成，致力于促进工程科学技术事业的发展。为更好地支撑国家工程科技思想库的建设，2012 年由中国工程院牵头，联合国内近 40 家高校、国家级科研机构和中央企业等启动了中国工程科技知识中心建设项目。

中国工程科技知识中心是国家工程科技领域公益性、开放式的知识资源集成和服务平台建设项目，以满足国家经济科技发展需要为总体目标，通过汇聚和整合我国工程科技相关领域的数据资源，以资源为基础、以技术为支撑、以专家为骨干、以需求为牵引，建立集中管理、分布运维的知识中心服务平台。经过 9 年的建设与积累，截至 2021 年中国工程科技知识中心已建成 34 个分中心（包括 30 个国内专业知识服务系统和 4 个国际专业知识系统）。中国工程科技知识中心各分中心基于丰富的特色资源，在充分调研用户需求基础上，通过线上知识服务产品与线下专题服务的方式，为政府决策、科学研究、企业创新等各类工程科技人员提供了多种形式的服务。中国工程科技知识中心 34 个分中心列表见表 3-1。

知识服务是中国工程科技知识中心有别于其他资源汇聚类平台的根本特征之一。中国工程科技知识中心自成立以来，一直致力于跨领域多源异构数据资源的打通融合，在数据资源关联融合的基础上，研究关键技术，建设知识图谱，充分利用大数据和人工智能技术，研制分析类、工具类、专题类等知识服务应用，提供多类型多模式知识服务。

截至 2021 年，中国工程科技知识中心已研发 240 个知识服务应用，本着以下五个原则，本书从中选出 45 个实践案例进行研究。

1）需求针对性，即知识服务应用须以用户需求为中心点和出发点，如面向行业或领域热点、国家重大战略、项目等需求，以问题解决为导向提供系列服务。

2）数据有效性，即数据须来源权威、连续性好、时效性强、内容完整、更新维护及时。

3）功能好用性，即知识服务应用须实用性强、完备性好，能够满足用户需求，有效支持用户的知识诉求。

4）技术先进性，即需要运用算法、模型、可视化等现有成熟且具有一定水平的技术，如复杂网络分析理论、相似度算法、知识图谱构建、时空变化可视化展示等，将数据资源进行加工、分析、组织、重组和创新。

表3-1　中国工程科技知识中心34个分中心列表

序号	分中心名称	承建单位
1	农业分中心	中国农业科学院农业信息研究所
2	林业工程分中心	中国林业科学研究院林业科技信息研究所
3	化工分中心	中国化工信息中心有限公司
4	地理资源与生态分中心	中国科学院地理科学与资源研究所
5	环境分中心	中国环境科学研究院
6	水利分中心	中国水利水电科学研究院
7	海洋工程分中心	国家海洋信息中心
8	气象科学分中心	国家气象信息中心
9	交通分中心	交通运输部科学研究院
10	医药卫生分中心	中国医学科学院医学信息研究所
11	创新设计分中心	浙江大学
12	中草药分中心	浙江大学
13	工程科教图书分中心	浙江大学
14	材料分中心	钢铁研究总院
15	营养健康分中心	中粮营养健康研究院有限公司
16	冶金工程分中心	冶金工业信息标准研究院
17	试验技术分中心	北京中实国金国际实验室能力验证研究有限公司
18	信息技术分中心	国家工业信息安全发展研究中心
19	能源分中心	北京低碳清洁能源研究院
20	地质分中心	中国地质图书馆
21	地震科学分中心	中国地震台网中心
22	制造业分中心	中国机械工程学会
23	战略性新兴产业分中心	中国航天系统科学与工程研究院
24	轨道交通分中心	中国铁道科学研究院集团有限公司科学技术信息研究所
25	中医学分中心	中国中医科学院中医药信息研究所
26	渔业分中心	中国水产科学研究院
27	航天工程分中心	中国航天系统科学与工程研究院
28	学术活动分中心	清华大学
29	学术引领分中心	《中国工程科学》杂志社
30	地理信息分中心	国家基础地理信息中心
31	丝路科技分中心	西安交通大学
32	防灾减灾分中心	中国科学院地理科学与资源研究所
33	智能城市分中心	同济大学
34	工程教育分中心	清华大学

5）效果显著性，即知识服务应用需要具有一定的访问量，为政府部门、行业内、领域内或社会大众切实提供了有价值的知识服务，如行业趋势分析、战略咨询报告等。

针对服务功能特点，本书将 45 个实践案例分为三大类型：知识分析类知识服务、知识工具类知识服务、专题类知识服务，下面将从功能亮点、数据基础、关键技术等方面，对这些案例进行具体分析与展示。

3.2 知识分析类知识服务

知识分析类知识服务是指基于权威大数据资源，采用文献计量、数据挖掘、统计分析、可视化技术等手段，开展多维度、深层次智能分析，充分揭示和呈现各类数据中蕴含的规律、热点、态势和趋势等。根据知识分析的对象、范围、内容以及采用的关键技术，将其分为行业统计数据智能分析服务、领域数据实时预报预测服务、技术发展态势分析服务、跨领域资源整合与挖掘分析服务四大类型。

3.2.1 行业统计数据智能分析服务

行业统计数据智能分析服务是指根据国内外各行业权威不间断统计数据，基于复杂网络分析、社区划分、科学知识图谱构建等方法，利用卫星地图、ECharts 工具等技术，实现数据和关系可视化展示，将不可见的数据现象转化为可见的图形符号，用大众能理解的图形语言来描述数据的内涵。

1. 农业分中心国际农产品贸易分析服务

国际农产品贸易分析服务为用户提供了 11 个在线互动模块，多角度分析和可视化展示了 16 种农产品的国际贸易合作网络、国家之间的贸易竞争关系、五大国际贸易组织的进出口情况、国际贸易社团网络以及国际贸易市场的整体分布特征及演化规律。其亮点如下：

1）基于联合国商品贸易统计数据库（UN Comtrade Database）中 1988 年以来世界各国小麦、大麦、水稻、玉米、大豆、花生、马铃薯、苹果、梨、柑橘等 16 种农产品进出口贸易数据，计算出对应的贸易进出口关系，实现了世界各国 16 种农产品进出口贸易市场的整体分布特征的可视化展示。图 3-1 展示了 2021 年中国大麦进出口贸易分布图，并同步以表格方式展示了 2021 年中国大麦进出口贸易数据。图 3-2 展示了 2020 年全球小麦、大麦、水稻、玉米、大豆五大作物进口贸易柱状图，并同步以表格

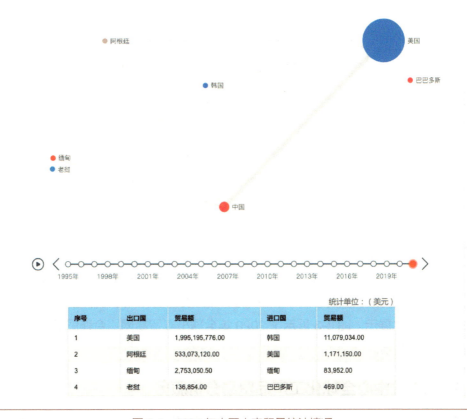

图 3-1　2021 年中国大麦贸易统计情况

图 3-2　2020 年全球五大作物进口贸易对比图

方式展示了 2020 年全球五大作物进口贸易数据。

2）依据社区划分理论，通过计算贸易量、金额以及贸易流向等，找到国际农产品重点国家及合作网络，实现了 16 种农产品的国际贸易合作网络以及国家之间的贸易合作关系的可视化展示。图 3-3 展示了 2020 年全球小麦贸易网络合作图及 2020 年全球小麦贸易合作关系。

2. 化工分中心全球化工产品贸易分析服务

全球化工产品贸易分析服务分析了 120 个国家化工行业无机、有机、能源、塑料

1.2020年全球小麦贸易网络合作图

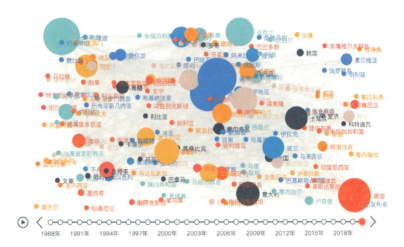

1988年　1991年　1994年　1997年　2000年　2003年　2006年　2009年　2012年　2015年　2018年

2020年小麦贸易合作关系TOP10

统计单位：（美元）

序号	国家	合作国	合作贸易
1	埃及	俄罗斯	1,626,724,480.00
2	土耳其	俄罗斯	1,499,018,880.00
3	巴西	阿根廷	987,888,380.00
4	阿尔及利亚	法国	889,193,980.00
5	菲律宾	美国	826,301,760.00
6	中国	加拿大	682,662,780.00
7	日本	美国	675,680,000.00
8	埃及	乌克兰	650,441,150.00
9	中国	法国	605,560,510.00
10	乌兹别克斯坦	哈萨克斯坦	548,608,380.00

图 3-3　2020 年全球小麦贸易合作图

和精细五大类，55 种大宗化工产品的国际贸易流向、国家之间的贸易竞争关系、全球进出口贸易大国以及全球化工产品贸易市场的整体分布特征和进出口趋势，以卫星地图、世界地图、折线图等可视化图形及其与之关联数据表的形式呈现。其亮点如下：

1）数据范围有了新突破，由以往单纯从国内海关官方数据或年鉴数据进行分析的单一视角，转变为基于国际权威数据库中的 120 个国家的海关官方数据进行的全局性分析。一方面，提高了数据的时效性和易加工性，有助于解决数据收集、处理及数据时效性等难题；另一方面，使化工行业科研院所、企业等用户能及时了解全球大宗化工产品贸易流向，为其决策提供参考依据和数据支撑。

2）基于复杂网络分析理论，计算出对应的贸易进出口关系和两类拓扑结构指标（特征路径长度和聚合系数），同时依据社区划分理论，考虑贸易关系和贸易金额等，得出不同国家之间的贸易关系，最后对以上国家的基本情况、贸易关系网络等情况利用 ECharts 工具实现数据和关系的可视化展现。图 3-4 展示了 2020 年中国与贸易伙伴国乙烯进口关系，并同步以表格方式展示了进口金额。

图 3-4　全球化工产品国家贸易伙伴国分析关系图

3. 化工分中心中国石化行业统计分析服务

中国石化行业统计分析服务包含中国石化产品产量分析、中国企业产能分析、石化工业经济指标分析和化工行业固定资产投资分析四个部分，系统分析了无机化学、有机化学、合成材料和能源及加工产品等化工子行业的企业、产品的多个维度的数据指标，并实现了可视化展示。其亮点如下：

1）基于《中国化学工业年鉴》中 2014 年以来的专业型、权威型数据，建立了数据筛选、加工、处理、分类一体化流程，实现了石化行业数据的电子化、结构化，为开展中国石化行业统计分析服务奠定了坚实的数据基础。

2）根据数据本身的特点多维度分析了化工行业运行情况，其中中国石化产品产量分析反映了无机化学、有机化学、合成材料、能源等大类全国和各省份各类产品的产量情况。中国企业产能分析反映了无机化学、有机化学、合成材料、能源等大类各企业的产能。石化工业经济指标是以注册统计、地区统计等维度分析石化工业的各种经济指标，包括企业数、流动资产平均余额、资产总计、负债合计、主营业务收入、主营业务成本、主营业务税金及附加、利润总额等指标。石化行业固定资产投资分析反映了全国和石化行业的项目投资及项目数量。

3）基于对化工行业运行情况的多维度分析，使用 ECharts 图表展示技术，将其多维度数据及关系通过折线图、柱状图、散点图、饼图、雷达图、仪表盘、漏斗图等多种样式展示，同时支持任意维度的堆积和多图表混合展现。例如，图 3-5 通过柱状图、折线图两种方式展示了石化行业经济指标趋势，为用户提供了直观的数据展示形式。

图 3-5　石化行业经济指标趋势

4. 信息技术分中心全球电子信息产业统计分析服务

全球电子信息产业统计分析服务是基于信息技术领域行业服务需要，面向社会公众开展的公开查询服务。其亮点如下：

1）系统地著录、整理了世界主要国家八个行业（电子数据处理设备、办公设备、控制设备与仪器、医疗与工业设备、无线通信设备与雷达、电信设备、消费类电子产品、电子元器件）2008 年以来的电子信息产业数据，形成了"全球电子信息产业数据库"。数据内容包括电子信息产业整体产值、市场和进出口数据以及主要电子信息产品产值、市场、进出口额等。

2）根据数据本身的特点从不同国家、不同年份、不同产品、产值及市场规模等多维度分析了全球主要电子信息产品产值与市场情况，并支持用户通过自由组合查询条件的方式来获取所需要的分析结果，全面反映了全球电子信息产业历程和现状。图 3-6

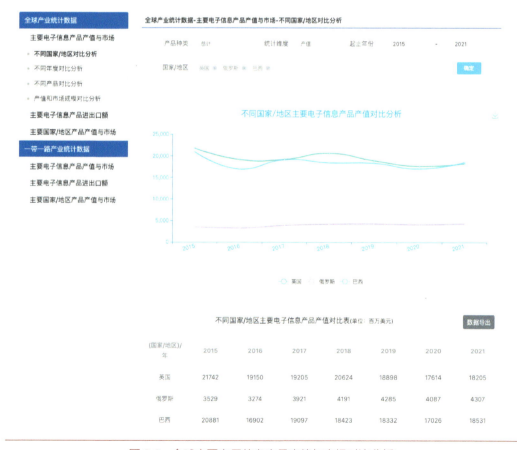

图 3-6　全球主要电子信息产品产值与市场对比分析

展示了 2015 ~ 2021 年英国、俄罗斯、巴西主要电子信息产品产值对比分析折线图，下方展示了折线图中涉及的相应数据，并支持用户数据导出。图 3-7 展示了 2018 年各种电子信息设备产值对比分析柱状图。

图 3-7　全球各种电子信息设备产值对比分析

5. 信息技术分中心中国信息产业经济运行分析服务

中国信息产业经济运行分析服务是面向领域专家及社会公众揭示电子信息制造业、通信业、软件业的发展变化情况，展示宏观产业数据，支持产业研究跟踪。其亮点如下：

1）基于 2015 年以来工业和信息化部统计的我国通信业、软件业及电子信息制造业经济运行情况的信息发布和地域、时间（每月）、主要产品的基础数据，计算出工业增加值增速、收入增速、利润增速、出口增速、进口增速、固定资产投资额增速等多维度经济运行月度变化指标。数据更新以月为单位，更新周期短、发布及时，对电子信息产业经济运行的捕捉具有较强的实时性，对支撑企业决策具有现实意义。

2）提供快速、准确的跟踪、分析和结果的可视化展示。基于计算出的多维度经济运行月度变化指标，支持用户通过数据筛选、检索等方式，获取利用直方图、折线图、饼图等形式展示的各个维度的统计图表，并提供统计图表的数据。图 3-8 展示了 2019 年 11 月 ~ 2020 年 11 月宁波市软件业务收入月度变化曲线和具体数据。图 3-9 展示了 2019 年 11 月河北省主要经济指标月度完成情况柱状图和具体数据。

月度变化

起始年月：   2019-11 ∨   结束年月：   2020-11 ∨

城市：   宁波市 ∨   指标项：   软件业务收入,软件业务收入F   清空指标项   查看

宁波市主要经济指标月度变化

数据导出

统计时间/指标项	软件业务收入（亿元）	软件业务收入同比增长（%）
2020-11	921.5667	22.6
2020-10	809.3789	19.5
2020-09	708.1812	18.4
2020-08	610.2161	17.6

图 3-8 宁波市主要经济指标月度变化情况分析

图 3-9 河北省主要经济指标月度完成情况

6. 渔业分中心渔业统计数据综合分析服务

渔业统计数据综合分析服务是从自然条件、从业人员、政府与市场、渔业管理等方面深入探析和展示国内外渔业发展现状。其亮点如下：

1）基于联合国粮食及农业组织（Food and Agriculture Organization of the United Nations，FAO）1950 年以来的全球渔业养殖捕捞数据、1979 年以来的《中国渔业统计年鉴》数据，建立了一套数据抽取、过滤、组织、关联、更新流程，形成了一套专业的渔业数据仓库，数据类型多样，数据内容丰富，主要包括全社会渔业经济总产值、渔民人均纯收入、水产品产量及人均占有量、淡水养殖、淡水捕捞、海水养殖、海水捕捞、海洋捕捞、远洋渔业、养殖区域面积、渔船情况、从业人员情况、水产品进出口情况等渔业相关的专业数据，为综合分析服务提供数据基础。

2）基于上述权威数据，开展了多类型多维度统计分析，分为世界模块和国内模块两部分。世界模块展现了世界主要地区渔业整体情况，用户选择特定渔业个体或类型参数后，系统结合大数据进行趋势分析，并支持选择两个地区、两个不同的个体进行数据对比分析，此外，还支持通过地理信息可视化手段描绘全球渔业养殖分布情况，为专业人员进行渔业数据的更深层次研究提供参考。国内模块分为养殖、捕捞、加工、远洋、年鉴五个子模块。养殖模块从地区养殖产量排行、产量趋势、地区全国占比情况、全国水产养殖量地理分布等方面对国内的渔业养殖情况进行分析。捕捞模块从地区捕捞产量排行、捕捞量趋势、地区全国对比情况、全国水产捕捞量分布等方面对国内各地区渔业捕捞情况进行分析。加工模块从地区水产品大类加工量比重、各大类水产加工排行、各地区加工水产品产量分布情况、水产品加工量趋势、各地区水产加工比例等方面进行国内渔业加工情况分析。远洋模块从国内沿海地区进出口情况、地区水产品出售情况、沿海各地区远洋捕捞量分布、各地区远洋捕捞产量占比等方面进行国内远洋捕捞情况分析。年鉴模块从渔业经济年度总产值及渔业、渔业工业和建筑业、渔业流通和服务业的产值等方面开展分析。

　　3）实现了上述多维度分析内容的可视化展示。首先，系统运用多样化的视觉元素，如折线图（图3-10）、饼图（图3-11）、柱状图、地图等，将不可见的数据现象转化为可见的图形符号，用大众能理解的图形语言来描述数据的内涵。同时，提供按条件实现对比展示（图3-12），便于用户分析预测全球和国内渔业发展趋势。此外，系统具有丰富的选项，可以同时对行政地区、时间等多指标进行筛选（图3-13），还可以从总体、局部、年份多个角度对数据进行查看分析，从而让数据更清晰、更直观。

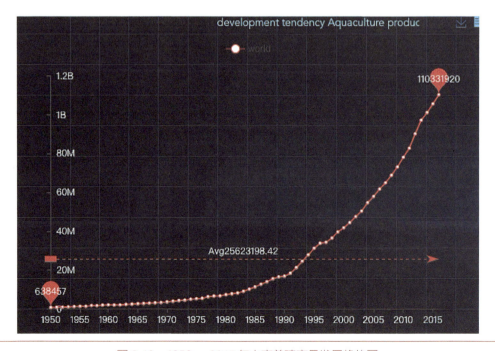

图 3-10   1950 ～ 2015 年水产养殖产品发展趋势图

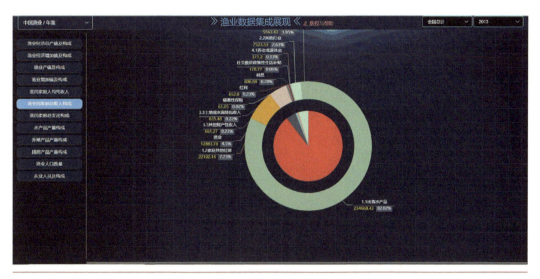

图 3-11　渔业民家庭总收入构成双层饼状图

图 3-12　两地区各类鱼数量对比展示图

图 3-13　丰富的选项筛选截图

7. 林业工程分中心中国森林资源清查分析服务

中国森林资源清查分析服务实现了森林资源数据的在线分类浏览和检索，自动生成各类统计分析图和数据列表，利用数据挖掘和可视化分析技术，直观分析并展示中国森林资源的整体分布特征和演化规律，可用于森林资源动态变化的趋势分析和预测，为我国林业高质量发展提供数据支撑。其亮点如下：

1）系统收集并规范化整理了 1949 年以来的历次中国森林资源清查数据，形成了统一格式的中国森林资源数据库，涉及森林覆盖率、活立木蓄积、林地面积、经济林面积、竹林面积、森林面积、森林蓄积、疏林地面积等 50 个森林资源指标数据，覆盖全国 31 个省（自治区、直辖市）及港澳台地区，保证了数据的连续性、权威性和准确性，为全面了解我国森林资源的整体分布特征和演化规律奠定数据基础。

2）实现了灵活实用的森林资源可视化分析，以及统计图表和专题地图的动态生成，满足了不同用户的信息需求。用户可在页面上方输入检索词"森林覆盖率"，或者选择左侧的"关键词——森林覆盖率"进行分类浏览（图3-14），也可选择年份等进行

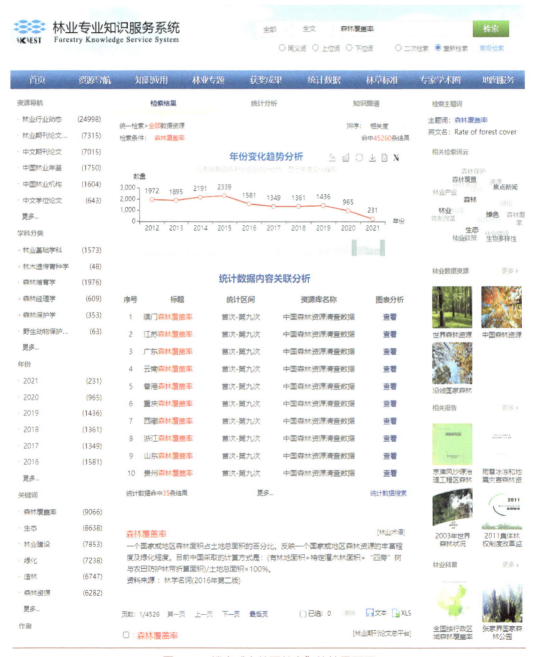

图 3-14   搜索"森林覆盖率"的结果页面

多条件筛选和在线分析，实时动态生成地图展示的专题图、历次全国森林覆盖率的变化折线图、第九次前十省份的森林覆盖率柱状图和前五省份的历次森林覆盖率变化折线图（图 3-15）、历次森林覆盖率数据列表（图 3-16）等，并可下载分析结果的图表数据，实现了森林资源数据的可视化分析和地图展示，满足不同用户的信息需求。

图 3-15　历次森林覆盖率统计分析

全国森林覆盖率统计

编号	省份	森林清查	年份区间	统计类别	数值	单位	数据来源
zgslzy16809	全国	第九次	2014-2018	森林覆盖率	22.96	%	中国森林资源报告（2014-2018）
zgslzy15024	全国	第八次	2009-2013	森林覆盖率	21.63	%	中国森林资源报告（2009-2013）
zgslzy13239	全国	第七次	2004-2008	森林覆盖率	20.36	%	中国森林资源报告—第七次全国森林资源清查
zgslzy13035	全国	第六次	1999-2003	森林覆盖率	18.21	%	国家林业局森林资源管理司
zgslzy09822	全国	第五次	1994-1998	森林覆盖率	16.55	%	国家林业局森林资源管理司
zgslzy08190	全国	第四次	1989-1993	森林覆盖率	13.92	%	林业部资源与林政管理司
zgslzy06558	全国	第三次	1984-1988	森林覆盖率	12.98	%	林业部资源与林政管理司
zgslzy04926	全国	第二次	1977-1981	森林覆盖率	12	%	林业部资源与林政管理司
zgslzy03294	全国	第一次	1973-1976	森林覆盖率	12.7	%	林业部资源与林政管理司

图 3-16　历次森林覆盖率数据列表

8. 医药卫生分中心肿瘤智能分析服务

肿瘤智能分析服务系统设计、实现了全国乃至全球范围内各类癌症在性别、年龄、地区等维度下的可视化智能分析，包括发病病例数、死亡病例数、患病病例数、发病率、死亡率、患病率、粗率、累积率等方面，为开展肿瘤在不同人群、不同地区的发展趋势分析与研究提供理论和数据支撑，同时为相关政府部门因地制宜地制定肿瘤防治措施提供科学依据。其亮点如下：

1）系统收集、整理了世界卫生组织国际癌症研究机构（International Agency for Research on Cancer，IARC）发布的世界五大洲 1983 ~ 2007 年 28 种主要癌症发病数据，国际癌症研究机构和国家癌症中心发布的《中国肿瘤登记年报》2012 ~ 2016 年全国范围内 72 个地区 20 个部位癌症发病、死亡等数据，帮助科研人员解决数据收集、整理的难题。

2）为更细致地开展不同地区、不同人群等维度肿瘤数据的关联关系分析，系统依据 ICD-10（International Classification of Diseases，国际疾病分类）细化癌症疾病类型，针对各来源疾病描述语言存在不规范、不一致等问题，构建疾病同义词表以建立与 ICD-10 之间的映射关系，并且对相关数据进行语义标注。然后，基于分类、趋势分析、对比分析等数据挖掘及关联分析方法，系统确定每个板块的数据分析维度，建立统计分析模型。

3）研制了 17 个互动模块，为用户提供灵活、实时的数据分析，同时提供相应的数据分析说明，如不同性别、不同年龄的发病病例数、死亡病例数、构成、粗率、累积率、世标率等情况（图3-17）；针对几种常见癌症，用户可根据需求选择任意两个地区，进行不同性别之间的整体发病数和患病数的对比分析（图3-18）；选择查看不同年度、不同年龄段、不同癌症的发病情况及趋势变化等（图3-19）。

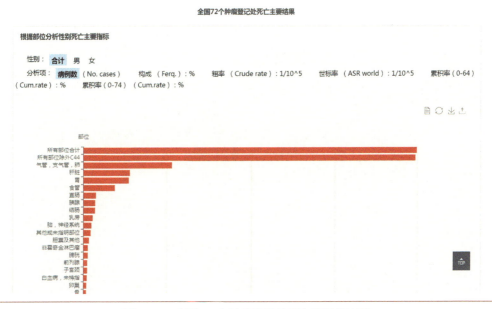

图 3-17　全国 72 个肿瘤登记处死亡情况统计图

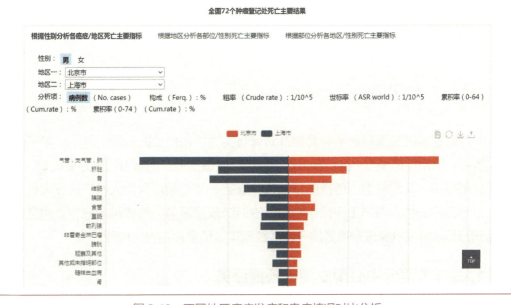

图 3-18　不同地区癌症发病和患病情况对比分析

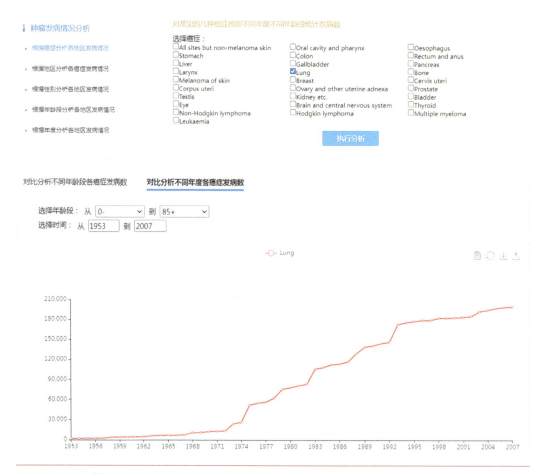

图 3-19   不同年度、不同年龄段、不同癌症的发病情况及趋势变化分析

3.2.2 领域数据实时预报预测服务

领域数据实时预报预测服务是指针对具有实时发布价值的资源，基于多年不间断权威数据，采用插值模型、推算预报数据模型、数值模拟、地图可视化分级及 ECharts 可视化等技术，实现精准、便捷的预报预测服务，助力领域科研人员、从业人员、社会公众等用户群体。海洋工程分中心的潮汐潮流预报服务、气象科学分中心的空气质量监测预报服务及气象预警服务属于领域数据实时预报预测服务典型。

1. 海洋工程分中心潮汐潮流预报服务

潮汐潮流预报服务以公益性服务为宗旨，分析预报中国近海、太平洋及其邻近海域、印度洋沿岸（含地中海）及欧洲水域、大西洋沿岸及东海岸等区域站点（主要港口、航线、渔场等）的潮位逐时逐日变化过程、高潮、低潮、潮时、潮高，并通过图表和可视化关联图呈现，满足涉海行业、沿海地区人群、海洋航运及海事行业对精细化潮汐潮流数据资料的急切需求，为航海、渔业、盐业、港口建设和海洋资源开发等提供支撑。其亮点如下：

1）基于国家海洋信息中心编制的《潮汐表》，系统整理出涵盖整个中国沿海、海上丝绸之路和世界各主要港口、航线和海峡的 485 个潮汐站点及 73 个潮流站点的观测和预报数据，形成潮汐潮流数据库；同时，利用多年的海洋动力学研究、数值模拟实践和伴随同化实验，建立了推算预报数据模型，计算主要分潮调和常数，建立了调和常数数据库，为潮汐潮流预报服务提供数据支撑。

2）系统实现了站点按海域和国家地域条件查询检索，并对站点的位置和潮汐潮流数据（高潮、低潮、潮时、潮高预报、每小时潮位预报信息）采用二维海洋基础地理底图和 ECharts 进行数据关联展现（图 3-20），主要使用折线图、柱状图等多种可视化方式。

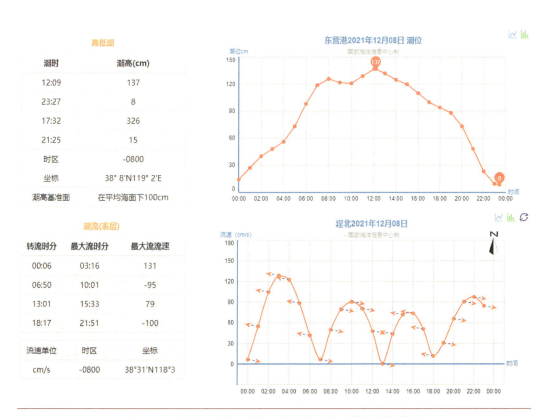

图 3-20　高潮、低潮、潮时、潮高和每小时潮位预报信息

2. 气象科学分中心空气质量监测预报服务

空气质量监测预报服务为用户提供全国空气质量一张图实时发布、基于地图的全国城市历史空气质量查询统计、全国空气质量插值分布等功能。其亮点如下：

1）一张图实时发布全国空气质量状况。系统通过地图实时发布全国 373 个城市 1643 个站点空气质量监测数据、城市空气排名、空气质量指标等，空气质量指标包括空气质量等级及 $PM_{2.5}$、PM_{10}、一氧化碳、二氧化氮、二氧化硫、臭氧等主要污染物浓度，并且使数据实现小时更新、实时入库、实时分析。

2）空属结合的多维历史数据查询统计。系统通过空属结合的方式实现全国、各城市按年度、月、周不同时间维度的空气质量达标率统计以及主要污染物指标统计，并通过地图、数值表、统计图等多种方式展示统计结果（图 3-21）。

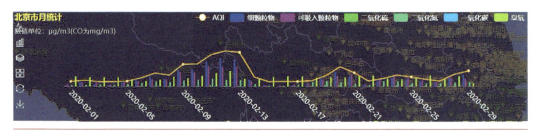

图 3-21　空属结合的多维历史数据查询统计

3）实时插值展示全国空气质量区域分布状况，实现历史回放。系统对每小时全国站点空气质量监测数据进行插值，生成全国空气质量区域分布图来直观展示全国空气质量。同时，系统支持按小时、日时间尺度选择时间窗口进行全国空气插值图播放，并且能进行地图缩放和查询。

3. 气象科学分中心气象预警服务

气象预警服务结合实际业务场景，将预警、灾情、预报、实况、台风、雷达、卫星、格点实况数据基于地理信息系统（GIS）地图融合关联，系统提供多层次多维度的可视化数据分析，辅助社会公众和科研业务人员决策。其亮点如下：

1）数据资源丰富、更新及时。系统基于全球地面观测资料、中国地面气象站逐小时观测资料、天气雷达探测资料、数值模式天气预报等数据资源和产品，展示近 7 天全球范围内气象实况观测数据和预报产品。此外，数据资源实时更新，最高频次为每 6 分钟更新一次。

2）丰富的底图选择，实现了全球范围内实况数据综合展示。系统将预警、灾情、空气质量、雷达、卫星、预报信息等 14 种要素基于天地图、影像图等 7 种底图的 GIS 地图融合关联，提供全球范围内的多层次多维度以及重点关注区域的可视化数据分析和展示。

3）应用界面具有较强的用户交互体验。系统以用户为中心，在不断丰富气象知识资源的同时，专门注重提升应用界面的交互体验，使之成为分类科学、结构合理、简单易用的气象预警信息类综合观测展示栏目。此外，系统通过页面设计、使用功能、响应性能、视觉效果等方面的优化，让用户在电脑端和手机端都能流畅使用。

3.2.3　技术发展态势分析服务

基于行业多类型权威资源，系统对科技论文、专利、获奖科技成果、热点技术等多类型资源进行挖掘分析，采用文献计量、统计、聚类、可视化等方法分析和展示行业发展态势、机构科研竞争力、国家科研状况、预测未来技术前景等，并且形成行业发展态势趋势分析报告来助力科研，帮助科研人员快速把握学科领域发展总体状况，提升科研效率，同时也面向全国用户开展服务。

农业分中心的农业学术趋势分析服务、学术活动分中心的全球技术趋势分析服务及总平台的战略咨询智能分析服务属于基于多类型资源的行业发展态势分析服务典型，具体如下。

1. 农业分中心农业学术趋势分析服务

农业学术趋势分析服务为科研人员、学生及社会公众提供农业领域中外文期刊论文、国内专利、获奖科技成果等资源类型的分析以及分析报告的自动生成、下载与编辑。其亮点如下：

1）快速响应主题，在线生成多维度趋势分析内容。针对特定主题，基于权威农业科技期刊论文（SCI 期刊、中文核心等）、国内中文专利（发明专利、实用新型专利、外观设计专利）、省部级及以上获奖科技成果等数据资源，采用文献计量、统计、聚类等方法对用户选定时间区间内该主题年度发文趋势、研究热点、主题渗透（图 3-22）、机构、学者、期刊、基金项目等从多维度进行系统分析，快速生成趋势分析，支持用户在线查看。

2）支持报告一键下载和个性化编辑。系统支持检索报告一键下载，下载完成的报告可根据用户需求进行编辑、修改（图 3-23）。

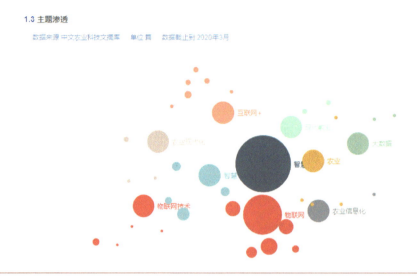

图 3-22   主题渗透模块截图

图 3-23   智慧农业学术趋势分析下载页面

2. 学术活动分中心全球技术趋势分析服务

全球技术趋势分析服务基于学术大数据分析挖掘与知识服务平台 AMiner 现有的 3 亿论文文献、1.3 亿专家学者等数据对热点技术进行深入挖掘，描述了技术的出现、变迁和消亡的全过程，可以帮助研究人员理解领域的研究历史和现状，快速识别研究的前沿热点问题。其亮点如下：

1）定制化数据输入。系统可根据用户个性化需求设定分析领域的关键词，选择特定的会议或期刊列表、时间范围等属性对领域的技术进行分析，同时系统支持 AND、OR 两种连接符构建检索式，帮助用户得到更为准确的定制化报告（图 3-24 和图 3-25）。

2）多维度分析技术发展趋势。系统基于 AMiner 平台大数据，从历年发展、国家、

图 3-24 定制化数据输入界面 1

图 3-25 定制化数据输入界面 2

机构、学者等多个维度对技术来源、热度、发展趋势进行挖掘分析，详细描述技术的出现、变迁的全过程，进而预测技术未来的发展前景（图3-26）。

3）自动生成报告。系统支持一键生成可编辑的技术趋势分析报告，用户可根据自身需求对报告进行编辑，提高报告编写的质量与效率，满足用户的个性化需求（图3-27）。

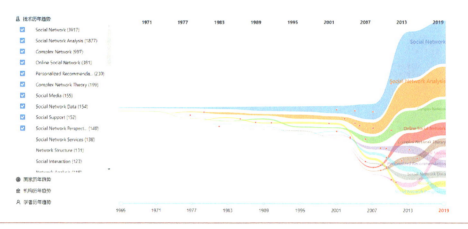

图 3-26   多维度分析技术发展趋势图

Knowledge Graph 领域发展趋势分析报告

本报告基于AMiner平台大数据，对 Knowledge Graph 领域的技术发展情况进行自动分析生成。

数据研究方法：
在AMiner大数据中挖掘出这些期刊/会议在 1987 - 2018 年间收录的论文，并对这些论文进行涉及研究方向、作者所属国家、所属机构等维度的分析，得出该领域的整体发展趋势、以及国家和机构维度的对比分析。

本次研究共获得 Knowledge Graph 领域 1987 - 2018 年 32 年间论文 2,231 篇。

一、Knowledge Graph 发展整体趋势

我们通过 Knowledge Graph 领域相关论文绘制研究热点趋势图，旨在基于历史的科研成果数据的基础上，对 Knowledge Graph 各个时间段的热度和发展趋势进行研究。图中每个色彩分支表示一个关键词领域，其宽度表示关键词的研究热度，各关键词在每一年份（纵轴）的位置是按照这一时间点上所有关键词的热度高低进行排序的。河流图可以直观的展示每个子领域的研究热度变化。

下图重点展示了以下各关键子领域的研究趋势：

- Knowledge Graph
- Question Answering
- Natural Language Processing
- Knowledg Repres
- Social Network

图 3-27   自动生成技术趋势分析报告

3. 总平台战略咨询智能分析服务

战略咨询智能分析服务聚焦世界科技发展大势、研判世界科技革命新方向，结合云计算、大数据、人工智能 2.0 等现代信息技术，扫描领域发展态势、挖掘国家战略方向、识别领域关键技术，支撑工程科技战略咨询的科学发展，切实提高国家高端科技智库战略咨询的质量和水平。其亮点如下：

1）基于文献数据，从多个维度，扫描领域发展态势。系统基于中国工程科技知识中心自有的文献数据库或第三方文献数据库，围绕高端智库战略咨询研究需求，从全球、国家、研究者、研究方向、技术演变等多个维度，厘清研究领域过去、当前的宏观态势，反映我国目前在该领域的国际地位和竞争态势（图 3-28）。

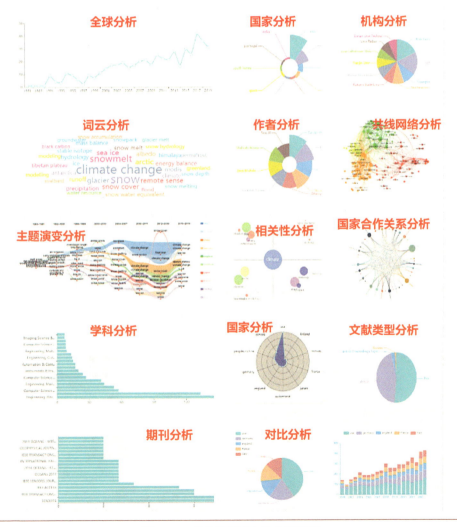

图 3-28　多维度领域态势分析展示

2）基于全球科研资助数据，挖掘国家战略方向。系统整理全球科研资助项目数据，构建基金关键词图谱，揭示未来技术发展方向；构建学科与基金资助项目映射，揭示学科发展资助情况与区域学科分布情况；实现关键领域与资助经费关联映射，揭示领域资助情况；利用共现词、图谱叠加、共同作者等技术支持基金与专利、文献的关联分析；最终为高端智库在专家选取、德尔菲调查、技术路线图制定等方面提供支撑（图3-29）。

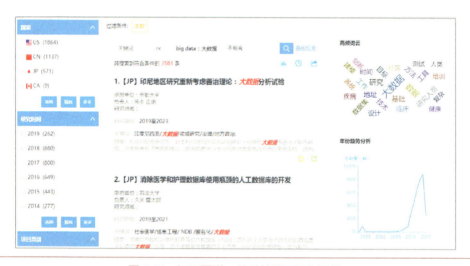

图 3-29   知识图谱、关联关系可视化展示

3）大数据技术与专家智慧深度融合，识别领域关键技术。系统基于研究领域技术体系和态势分析结果，利用聚合与分类算法，进行深度挖掘，形成领域知识聚类图，深度融合专家智慧，参考全球智库已经发布的技术清单，逐步筛选出本领域关键技术、核心技术、前沿及颠覆性技术，识别研究领域最活跃的研究前沿和发展趋势（图3-30）。

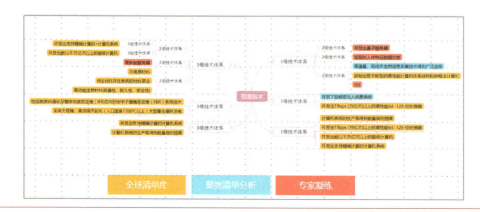

图 3-30   领域最活跃的研究前沿和发展趋势图

系统利用大数据技术，完成对文献及主题的演变分析，凝练出技术清单（图 3-31）。

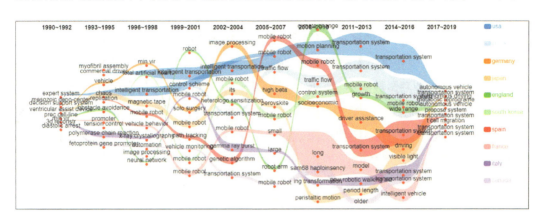

图 3-31　主题演变分析可视化展示

4）基于调查结果，形成领域技术路线图。系统基于领域德尔菲调查结果，融合专家研判，从领域发展目标、具体任务、保障措施三个层面，逐层细化，制定领域技术发展路线图，明确我国在该领域的近期、中期、长期发展战略规划蓝图（图 3-32）。

图 3-32　汽车制造战略发展路线图

3.2.4　跨领域资源整合与挖掘分析服务

跨领域资源整合与挖掘分析服务是指开展跨学科、跨领域、跨行业资源整合，使用语义标注、跨领域数据挖掘及关联分析等方法，构建统计分析模块，利用 ECharts 实现可视化展示，最终形成跨领域关联与融通的深度知识服务产品。它既服务于领域战略决策者、科技工作者，也可面向公众提供相关知识服务。医药卫生分中心的环境健康智能分析服务属于跨领域资源整合与挖掘分析典型。

环境健康智能分析服务整合了气象数据和呼吸系统疾病数据，实现了气象数据与疾病数据的关联，智能分析及可视化展示了气象要素对呼吸系统疾病的健康效应，如气温、气压、湿度、风速、日照、不同污染物等要素对呼吸系统疾病发病影响，为开展呼吸系统疾病的医疗气象预报服务提供理论和技术支撑，同时为相关政府部门因地制宜地制定应对气候变化对人类健康影响的防控措施提供科学依据。其亮点如下：

1）具有多类型海量数据资源，且持续更新（图3-33）。与各医院开展合作，系统获取呼吸道感染、流行性感冒、肺炎等逐日呼吸系统疾病、消化系统疾病、循环系统疾病的就诊情况以及呼吸系统疾病患者的人口学特征；环境数据分为逐日气象要素和主要污染物指标监测两类数据，气象数据包括气温、气压、相对湿度、风速、降雨等，

1： 【统计数据】2009-2011北京市大气污染物浓度监测资料数据集
摘要：本数据集为2009年1月1日至2011年12月31日3年北京市 大气污染物浓度监测资料数据，共1095条。数据项包括：二氧化硫（SO_2）、二氧化氮（NO_2）、可吸入颗粒物（PM10）等。对该数据进行分析和挖掘，可得出北京市3年主要大气污染物浓度的变化情况，也可与...
关键词：大气污染; PM2.5; PM10; 气象环境

♡ 收藏 ＜ 分享

2： 【统计数据】2009-2011北京市地面气象观测资料数据集
摘要：本数据集为2009年1月1日至2011年12月31日3年北京市 地面气象观测资料数据，共1095条。数据项包括：观测日期、平均气温、最高温度、最低温度、平均气压、最大气压、最小气压、水汽压相对湿度、降水量、平均风速、最大风速、极大风速、日照时间等。对该数...
关键词：大气污染; PM2.5; PM10; 气象环境

♡ 收藏 ＜ 分享

3： 【统计数据】全国空气质量监测数据集（4）
摘要：数据来自于国家生态环境部，对各个地区不同时间段的主要空气质量指标进行监测，具体包括一氧化碳（CO）、臭氧（O_3）、PM10、PM2.5、二氧化硫（SO_2）、一氧化氮（NO）、二氧化氮（NO_2）等的浓度值。对该数据进行分析和挖掘，可得出各地区主要...

♡ 收藏 ＜ 分享

4： 【统计数据】美国54个地区气象环境数据（26）
摘要：数据涵盖了美国54个地区的气象环境数据，其中包括各地区的空气污染物指标、细颗粒物、气象指标、有毒物质等浓度的数据。

♡ 收藏 ＜ 分享

图 3-33 丰富的环境、气象数据部分截图

主要污染物检测指标包括 SO_2、NO_2、PM_{10}、$PM_{2.5}$ 浓度等。系统每日持续更新环境数据；除国内数据外，平台还整合了美国肺癌、糖尿病两种慢性疾病与气象环境的数据。利用以上丰富的数据做环境与疾病数据的分析，系统为决策者提供数据支撑。

2）实现了以"气象医学"为代表的跨领域数据的整合与挖掘。基于整合的气象与疾病数据，系统实现了数据关联融合，并根据数据项建立不同维度与深度的分析，基于空气主要污染物 SO_2、NO_2、PM_{10}、$PM_{2.5}$ 等，开展呼吸系统疾病健康监测，进而发现呼吸系统疾病发病与危险因素的交叉影响；同时，根据一段时间整理的疾病发病与环境数据，系统关联分析完成疾病随时间、环境的变化，进而预测发病趋势（图3-34）。

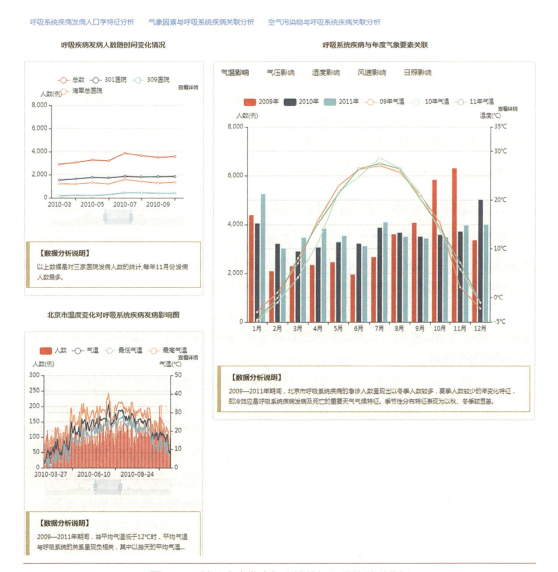

图 3-34　基于疾病发病与环境数据开展的关联分析

3.3 知识工具类知识服务

知识工具类知识服务是系统针对某个特定的应用场景，利用模型、挖掘分析、深度学习等算法及技术，基于专业领域内数据资源研制的知识服务类工具。针对不同的特定应用场景及需求，系统将知识工具类服务分为智能检测识别工具、评价学习计算工具、领域知识图谱应用工具、垂直领域智能检索工具、个性化制图工具。

3.3.1 智能检测识别工具

智能识别工具是利用深度学习等人工智能技术实现对某一对象的快速检测识别，可服务于执法人员用于检测识别，同时也可为科研人员、普通用户提供一个良好的效率提升和知识传播工具。在本次调研中，地理信息分中心的版图智检工具及渔业分中心的识鱼工具属于智能检测识别工具典型，具体如下。

1. 地理信息分中心版图智检工具

版图智检工具实现了对藏南地区、阿克赛钦地区、钓鱼岛赤尾屿地区、南海区域、九段线 5 个重点区域的智能化地图检查功能，支持用户同时上传多张图片，系统在检测过程中会不断刷新显示流程进程，完成检查后自动跳转到结果页面。其亮点如下：

1）利用深度学习技术，系统设计完成了问题地图智能甄别算法，推出了问题地图智能识别软件（图 3-35）。图像识别程序部署于内网中具备高性能图形处理单元（GPU）处理器的服务器中。

2）实现了小样本场景下基于深度学习的多尺度特征融合自适应"错误地图"检测，创新性地将人工智能技术引入国家版图检测应用中，利用迁移学习技术有效解决卷积神经网络中小样本数据存在过拟合难题的同时，基于境界特征点的空间位置关系提出定制化锚点（anchor）的优化区域建议网络来逐步优化检测结果，实现了海量图片的地图图片自动筛选、地图错误智能检测与标识，识别正确率达到 90% 以上，问题地图自动识别的正确率在 80% 左右，出错区域自动标识的正确率在 80% 左右。

3）提供快速检测和混合检测模式，适应不同需求。版图智检服务基于中国地图出版社、国家基础地理信息中心编制的不同比例尺标准中国地图，所有地图都经过了自然资源部地图技术审查中心审图，构建学习样本库，确保学习数据的正确性和权威性，

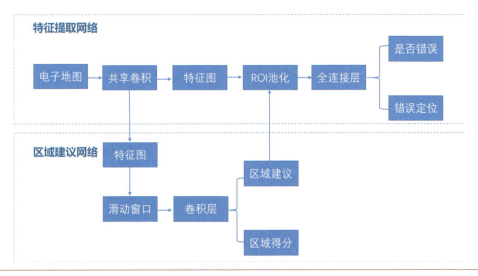

图 3-35　问题地图识别算法流程

ROI：感兴趣区域

从而保证了能够准确识别问题地图。系统提供混合检测和快速检测两种方式。快速检测能够以每秒一张的速度检查版图问题，混合检测能够从是否为地图、是否为中国地图以及是否为问题地图三个方面全方位对图片进行检查。

2. 渔业分中心识鱼工具

识鱼工具是利用人工智能进行鱼类、甲壳类和贝类的识别鉴定。识鱼工具不但有助于解决渔业水产分类鉴定方面人员不足的问题，还为广大用户传播了准确的海洋生物学信息（也包括一部分常见淡水种类），为科研人员、普通用户提供了一个良好的效率提升和知识传播工具。其亮点如下：

1）基于维基百科、百度百科和书籍等多种途径，收集整理了国内常见的海洋水产品种类，并经专家审查，确保数据的全面、准确。

2）为用户提供了多种识别方式，识别准确率高达 97%。第一，开发了"识鱼"网站，通过粘贴图片、网址或上传图片，可以进行识别（图 3-36）。在识别的结果中，给出了中文名、拉丁学名、俗名、置信度、科属、地区分布、识别特征、生活习性等信息。如果有多个可能的品种，则给出多个信息。网页不但可以识别鱼类，还可以识别甲壳类和贝类（图 3-37）。第二，为了便于用户使用，实现随时随地查询，系统还开发了小程序版系统（图 3-38）。用户利用微信小程序，通过拍摄和图片上传的方式将图片上传到"识鱼"服务器，从而得到具体的名称、生活习性、地区分布、形态特征等信息，

图 3-36　识鱼首页

识别结果（1条）

真鲷 *Pagrosomus_major*

俗名：加吉鱼、红加吉、铜盆鱼、大头鱼、小红鳞、加腊、赤鯮、赤板、红鲷、红带鲷、红鳍、红立、王山鱼、过腊、立鱼

置信度：0.99　鲷科 真鲷属

地理分布

印度洋北部沿岸至太平洋中部、夏威夷群岛以及中国沿海等

识别特征

真鲷体侧扁，呈长椭圆形。全身淡红

红星梭子蟹 *Portunus sanguinolentus*

俗名：三点蟹、三眼蟹、梭子蟹、枪蟹、海虫、水蟹、门蟹、盖鱼、童蟹

置信度：1　梭子蟹科梭子蟹属

地理分布

分布于日本、夏威夷、菲律宾、澳大利亚、新西兰、马来群岛、印度洋直至南非沿海的整个印度太平洋暖水区，以及中国的东南沿海

识别特征

体横长菱形，为典型的梭子蟹形状。头胸甲表面前部具微细颗粒及白色云纹。背壳宽15厘米，略与同科的梭子蟹小。壳的下方有3眼斑点，壳体灰绿色。

虎斑宝贝螺 *Cypraea tigris linnaeus*

俗名：无

置信度：1　虎皮贝、虎斑宝贝、虎皮斑纹贝

地理分布

宝螺科宝螺属

识别特征

分布于印度-西太平洋地区

生活习性

螺长38-134mm，属于大型宝螺。贝壳

图 3-37　网页版识别结果

提供参考图进行对照，并进一步通过"智能推荐"模块呈现相关品种（图 3-39），以帮助用户判断属的种类，了解相关生物学信息。

图 3-38　小程序版识别结果

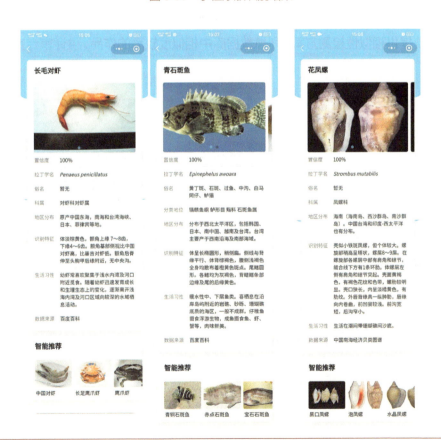

图 3-39　识别结果（智能推荐）

3.3.2 评价学习计算工具

评价学习计算工具是指在针对某一特定对象，基于评价指标体系，从多角度对该对象进行客观精准的评价，并提供网络平台上传、存储、读取、管理、评价、学习、计算等一站式服务。创新设计分中心的设计作品评价工具、中草药分中心的中草药识图学习工具及试验技术分中心的临界差在线计算工具属于评价学习计算工具典型，具体如下。

1. 创新设计分中心设计作品评价工具

设计作品评价工具是依托创新设计的理论研究，重新定义设计作品的评价体系，以适应创新设计的发展，保证评审的客观性和准确性，为设计类竞赛提供系统支撑。该工具进一步搜集和整合创新设计大赛作品、高校设计作品、科研院所设计作品，在此基础上对数据进行较为深度的分析，提供多种形式的应用服务。其亮点如下：

1）作品相似度检索。利用感知哈希算法即图像指纹算法，针对相似性较高的设计作品，系统提供相似性检测方案，列举数据库中相似度较高的作品，供评审专家查看（图3-40）。

图 3-40　作品相似度检索功能界面

2）较科学的创新设计比赛作品评价指标体系。系统构建基于创新设计构成要素的作品评价指标体系，从多角度对创新设计比赛作品进行评价。选取具有一定科学性和可行性的评价指标；利用层次分析法和模糊评价法进行创新设计比赛作品的综合评价，将其应用于创新设计比赛作品的初步筛选（图3-41）。

图 3-41　作品初步筛选功能界面

3）作品存储系统、管理平台、评审平台三合一。在新冠肺炎疫情等突发应急事件下，系统能保障设计大赛正常有序进行，并且提供网络平台上传、存储、读取、管理、评价等一站式设计作品评价，达到功能集成、资源节约的目的。

2. 中草药分中心中草药识图学习工具

中草药识图学习工具是利用大量高质量的基源和药材图片为用户提供方便有效的中草药学习。用户选择合适的出题策略后，由系统生成题目集，用户完成题目集后，系统给出正确答案并提供题目和解析。系统旨在提升用户对中药材外观的识别能力。其亮点如下：

1）多种多样的策略生成方案，可由用户高度定制。中草药识图学习工具提供丰富

图 3-42　识图学习界面

的出题策略，包含药物范围、出题选择、图片组合、辨识类型等方面（图 3-42），使得用户能够自由地选择自己想要的题目集的类型，方便用户对题目的各种要求。

2）丰富且高质量的基源、药材图片。识图学习的药材种类接近 500 种，并且每种类都是高清的图片。图片库中的每张图片均是专业药师在药房使用专业拍摄设备拍下的，每张图片中可以看到比例尺，从而指示药材的大小比例，保证了图片资源的准确性，如图 3-43 所示。

3）详细的答题解析。用户完成题目后，系统在提供正确答案的基础上还提供了详细的答题解析，深入分析基源、药材的特性、功效等信息，加深用户对

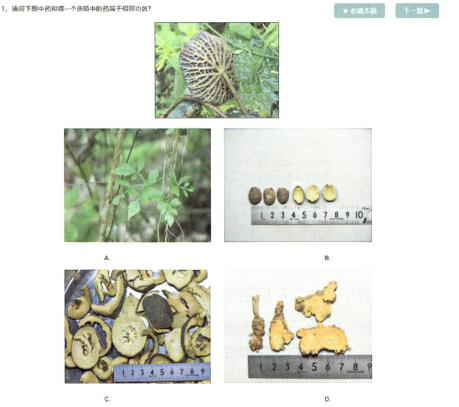

图 3-43　基于基源、药材图片的题目实例

于药材的理解。用户可以通过侧边导航栏清晰地了解到题集的正确和错误情况，单击题号能够到达指定题目并查看详细的错题解析，从而快捷了解错题信息（图 3-44）。

图 3-44 答题解析

4）良好的用户体验。鉴于现在移动端用户量大增，考虑到桌面端和手机端用户的需求，在原有桌面端的基础上同步开发了桌面端和手机端两个服务平台版本。老年用户不习惯使用手机操作而年轻用户更倾向于手机操作，两个版本推出后，聚集了大量的年轻用户，扩大了平台的用户群体。同时，考虑到手机设备的屏幕大小，在操作选项图片时无法看清药材图片的细节，影响用户对题目选项的判断，因此增加了药材图片放大功能。在各种出题策略下，用户双击题目选项中的药材就可以将其放大，查看精细的药材细节部分，这有助于用户对药材细节的观察，也使图片浏览更加方便（图3-45）。

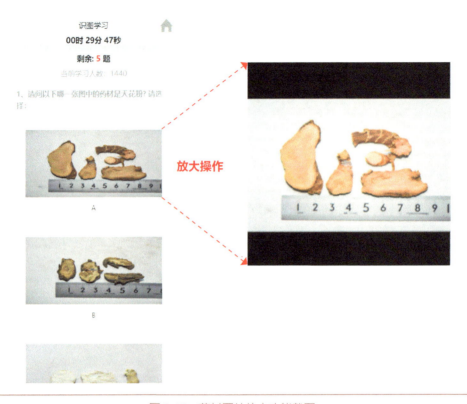

图 3-45　药材图片放大功能截图

3. 试验技术分中心临界差在线计算工具

临界差在线计算工具为实验室检测人员对试验结果进行自行评定，为实验室质量控制提供服务。同时，系统使用可持续增加增补标准的方法，使该知识工具适用更多的专业领域和实验室。其亮点如下：

1）专业性强。使用标准方法的精密度数据，通过计算临界差方式对试验结果进行评价，是一个专业性很强、计算比较复杂的过程。系统基于《测量方法与结果的准确度（正确度与精密度）》（GB/T 6379.6—2009）[1]中的临界差计算公式（图 3-46），建立了 11 种计算模型（图 3-47），整理了 1000 多个标准方法涉及的精密度数据。

2）建立了结构化的 1000 多个标准方法涉及的精密度数据库，按照计算模型所需要的参数形式，对数据进行数据库存储（图 3-48），系统使用 CXF 框架构建 WebService 数据计算接口，在平台网站上通过选择标准方法、输入计算用试验数据可以得到临界差计算结果，用于评定试验结果（图 3-49），从而使得试验结果评价变得易操作，非常适合试验人员对试验结果评价及实验室质量控制。

---

[1]　见"第 1 部分：总则与定义"（ISO 5725-6：1994）中"4.2.3 一个实验室的测试结果与参照值的比较"。

GB/T 6379.6—2009/ISO 5725-6：1994

$$= \sqrt{2(\sigma_L^2 + \sigma_r^2) - 2\sigma_r^2 \left(1 - \frac{1}{2n_1} - \frac{1}{2n_2}\right)}$$

在 95% 的概率水平下，$|\bar{y}_1 - \bar{y}_2|$ 的临界差为：

$$CD_{0.95} = \sqrt{(2.8\sigma_R)^2 - (2.8\sigma_r)^2 \left(1 - \frac{1}{2n_1} - \frac{1}{2n_2}\right)}$$

注 2：如果 $n_1 = n_2 = 1$，则上述临界差化简为 $R = 2.8\sigma_R$。

4.2.3　一个实验室的测试结果与参照值的比较

如果在重复性条件下，一个实验室得到了 n 个测试结果，其算术平均值为 $\bar{y}$，那么就应将它与某个确定的参照值 μ_0 进行比较，在偏倚的实验室分量尚未确定的情况下，$(\bar{y} - \mu_0)$ 的标准差为：

$$\sigma = \sqrt{\sigma_L^2 + \frac{1}{n}\sigma_r^2}$$

$$= \frac{1}{\sqrt{2}}\sqrt{2(\sigma_L^2 + \sigma_r^2) - 2\sigma_r^2\left(1 - \frac{1}{n}\right)}$$

$$= \frac{1}{\sqrt{2}}\sqrt{2(\sigma_L^2 + \sigma_r^2) - 2\sigma_r^2\left(\frac{n-1}{n}\right)}$$

在 95% 的概率水平下，$|\bar{y} - \mu_0|$ 的临界差为：

$$CD_{0.95} = \frac{1}{\sqrt{2}}\sqrt{(2.8\sigma_R)^2 - (2.8\sigma_r)^2\left(\frac{n-1}{n}\right)}$$

4.2.4　多个实验室的测试结果与参照值的比较

如果有 p 个实验室，分别在重复性条件下得到了 $n_i (i = 1, 2, \cdots, p)$ 个测试结果，每个实验室测试结果的算术平均值为 $\bar{y}_i$，所有实验室测试结果的总平均为：

图 3-46　《测量方法与结果的准确度（正确度与精密度）》中临界差计算公式

1	再现性限 R、重复性限 r 判定	$\frac{1}{\sqrt{2}}\sqrt{R^2 - \frac{r^2}{2}}$
2	再现性限 R 判定	$R \big/ \sqrt{2}$
3	重复性限 r 判定	r
4	相对允许差判定	$\frac{x \times \Delta\%}{\sqrt{2}}$
5	绝对允许差判定	$\Delta \big/ \sqrt{2}$
6	再现性标准偏差 SR、重复性标准偏差 Sr 判定	$2\sqrt{S_R^2 - \frac{S_r^2}{n}}$
7	再现性标准偏差 SR 判定	$2S_R \quad (R = 2\sqrt{2}S_R)$
8	重复性标准偏差 Sr 判定	$2\sqrt{2}S_r \quad (r = 2\sqrt{2}S_r)$
9	相对标准偏差判定	$RD\% \times x \times 2$
10	绝对标准偏差判定	$S \times 2$
11	实验室内标准偏差 σ_L、实验室间标准偏差 σ_d 判定	$2 \times \sqrt{\sigma_L^2 + \frac{\sigma_d^2}{n} + V_{char}}$

图 3-47　11 种计算模型

图 3-48   数据库存储界面

图 3-49   临界差在线计算结果

3）可扩展性。系统建立了标准方法的精密度数据的管理模块，可不断增补标准方法，使得该知识工具能不断完善，从而适用更多的专业领域和实验室。

3.3.3　领域知识图谱应用工具

领域知识图谱应用工具是指基于领域内权威数据资源，如文献、百科等，系统对其进行挖掘、分析、整理，使用实体识别、实体消歧、关系抽取，构建如专家与机构、专家与主题、专家与合作者之间的学术关系，以及疾病与药物等知识之间的关联关系等。同时，系统采用 ECharts 等信息可视化技术和方法构建知识图谱或者实现时空变化可视化展示，服务于专家推荐、机构筛选，助力科研合作，服务科技创新，支撑重大战略决策。

地理信息分中心的专家/机构关系网应用工具、林业工程分中心的专家学术圈应用工具、医药卫生分中心的医药知识图谱应用工具、水利分中心的水问知识图谱应用工具及地理信息分中心的全国行政区划知识图谱应用工具属于领域知识图谱应用典型，具体如下。

1. 地理信息分中心专家/机构关系网应用工具

专家/机构关系网应用工具是基于文献元数据、叙词表、机构空间化数据、地图数据等资源数据挖掘专家学术合作关系，提供按专家姓名、专家研究关键词检索，实现基于空间位置的专家检索、专家发表文献的时空变化可视化展示、面向研究主题的专家/机构关系空间化自动聚合等特色功能，为深入学术合作提供依据和支撑。其亮点如下：

1）面向研究主题的专家/机构关系空间化自动聚合。系统基于数据挖掘算法，以文献、专利为桥梁，实现面向研究主题的专家/机构关联关系计算（图 3-50），从空间视角构建专家/机构学术合作关系网，建立专家/机构与空间化数据的映射关系，提供专家/机构的空间化聚合展示功能。主要包括基于空间位置的专家检索、专家发表文献的时空变化可视化展示、面向研究主题的机构关系空间聚合等。

2）提供专家成果自动检索、统计、导出功能。系统设计开发了专家成果搜索统计功能，该功能会根据搜索字段不同统计不同维度获奖信息。系统根据奖项数据联合文献数据和专题数据，开发了个人成果报告导出功能，可以同时查询专家获奖信息、发文信息。奖项查询结果按照奖项类型，获奖时间排序，论文按照是否第一作者，发文时间排序。个人成果提供 word 文件导出功能，方便科研工作者历史工作统计，可用于个人简历编写和报奖材料准备等应用（图 3-51）。

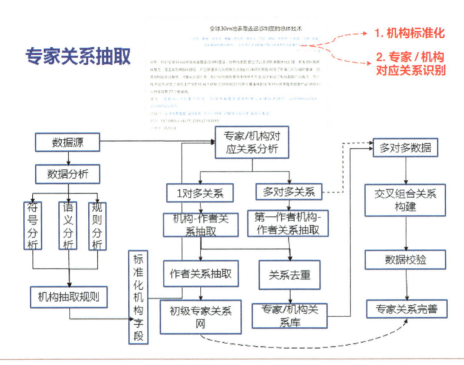

图 3-50   专家 / 机构关系网构建算法流程

图 3-51   专家成果统计汇总

2. 林业工程分中心专家学术圈应用工具

专家学术圈应用工具为用户提供专家信息的智能搜索和关联分析，可关联发现专家发表的文献、成果、专利、标准、著作等详细信息，并通过可视化方式展示专家与机构、专家与主题、专家与合作者之间的关系。其亮点如下：

　　1）系统收集我国主要林业高等院校和科研机构副高以上职称的科技专家信息，包括林业相关院士、教授、副教授、研究员、副研究员和高级工程师等。"专家学术圈"提供丰富的导航功能，用户可以按照专家的学科分类、技术职称、性别、出生年份、工作单位、学历、毕业院校等进行分类浏览查看，此外还可以通过名字的首字母检索和浏览相关专家。

　　2）系统收录、整理了全国林业高等院校、科研机构的副高以上职称的近万名科研业务专家的信息，并对专家所在机构的官网、职称变更、人员调动、机构变更等情况及时更新，保证了数据的准确性和完整性，有助于林业科技专家实现"一站式"检索和发现。

　　3）依托林业主题词表、专家、机构信息，构建了多维度、多层次、内容深度关联的知识组织脉络，支持检索结果的细化分层和多维聚类，帮助用户在海量资源中快速定位最佳匹配结果，实现知识关联、数据融合与知识发现。用户通过单击专家姓名实现智能搜索和关联分析，可查看专家发表的文献、成果、专利、标准、著作等详细信息（图3-52），并进行实时统计、可视化分析和知识图谱展示。同时，实现对整个检

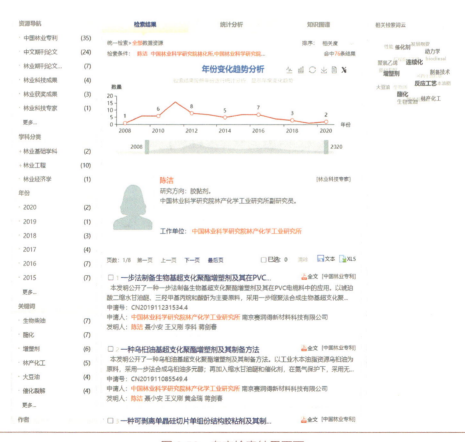

图 3-52　专家检索结果页面

索结果集合的文献计量统计分析，如资源类别统计分析、年份变化趋势统计（图3-53），专家的科研活动时间分布、主要科研领域、主要合作专家（图3-54）等情况分析。

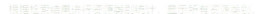

统一检索 > **全部**数据资源   排序：   相关度

检索条件：   陈洁 中国林业科学研究院林化所,中国林业科学研究院...   命中**76**条结果

资源类别统计分析

根据检索结果进行资源类别统计，显示所有资源类别。

- 专利(35)
- 文献(31)
- 成果(7)
- 标准(2)
- 专家(1)

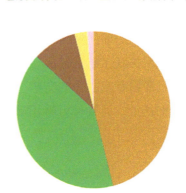

年份变化趋势分析

根据检索结果按年份统计分析，显示近十年的数据年度变化趋势

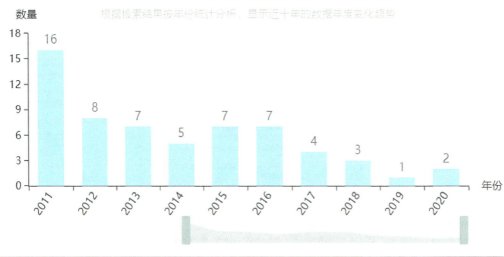

图 3-53　检索结果的资源类别、年份统计

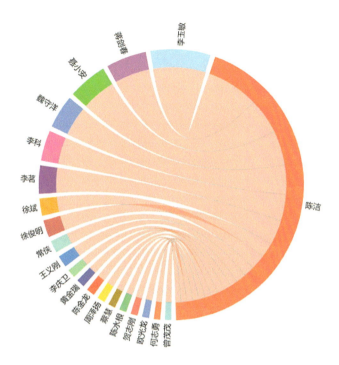

根据检索结果进行著者统计分析，显示频次排名第1位的著者与其他著者的合作关系。代表著者的不同色块随机生成，美化效果，无具体含义。鼠标点击色块连接则显示2位合作者的相关检索结果清单。

图 3-54　张守攻院士与作者的合作关系

3. 医药卫生分中心医药知识图谱应用工具

医药知识图谱应用工具是通过对医药卫生领域百科、专家等数据的挖掘、分析、整理，使用实体识别、实体消歧、关系抽取、信息可视化等技术和方法构建医学知识图谱，来直观、动态地展示疾病、药物等知识之间的关联关系。其亮点如下：

1）实现了面向重大慢性疾病和常用药物开展知识的关联分析。系统收集、整理重大慢性疾病和常用药物的医学百科词条，通过实体识别技术进行疾病名称、症状、治疗、检查等疾病相关实体名称以及药物名称、适应证、相关疾病、相关药物、不良反应等药物相关实体名称的识别，然后利用关系抽取、信息可视化等技术开展实体的关联分析与图谱化展示，并与平台的专家进行关联打通，以期为相关人员提供知识的高效检索，为知识间关联关系的发现奠定基础。其中，疾病知识图谱包括心脑血管疾病、呼吸系统疾病、免疫系统疾病、消化系统疾病、肿瘤五大类慢性疾病（图 3-55），药物知识图谱包括心脑血管相关药物图谱（图 3-56）。

2）提供图谱检索功能、个性化内容推荐服务。知识图谱应用服务提供功能检索框，

图 3-55　疾病知识图谱

高脂血症

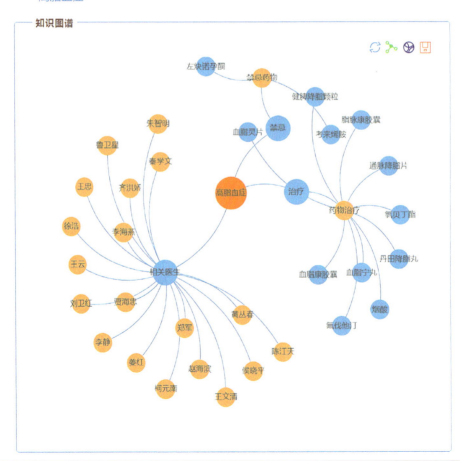

图 3-56　高血脂知识图谱

用户可根据需求搜索相应的疾病和药物，如输入"肺炎"即可显示所有相关的图谱（图3-57）。此外，图谱的详情页右侧展示了与该图谱相关度较高的文献、机构、图谱等内容（图3-58），可供用户进行系统的了解与学习。

图 3-57　知识图谱检索界面

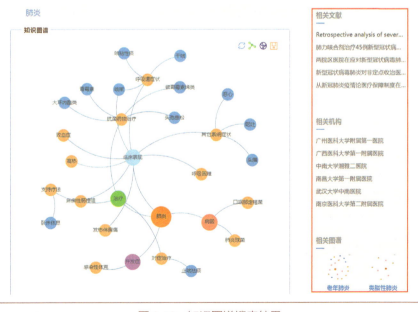

图 3-58　知识图谱搜索结果

3）提供力导向布局图（图3-59）与和弦图（图3-60）两种展示方式，实现人机交互的可视化智能服务，如果用户想了解某两个实体间的关系，只需将鼠标悬浮于此即可查看。其中，力导向布局图还支持节点的拖曳功能，用户可按需调整各实体的位置以达到最好的展示效果。另外，两种图均提供图片保持功能，方便用户后续开展对比分析和深入研究。

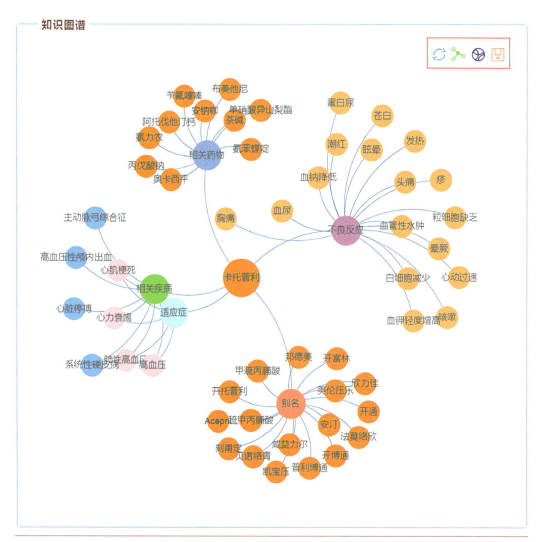

图 3-59   卡托普利知识图谱力导向布局图

卡托普利

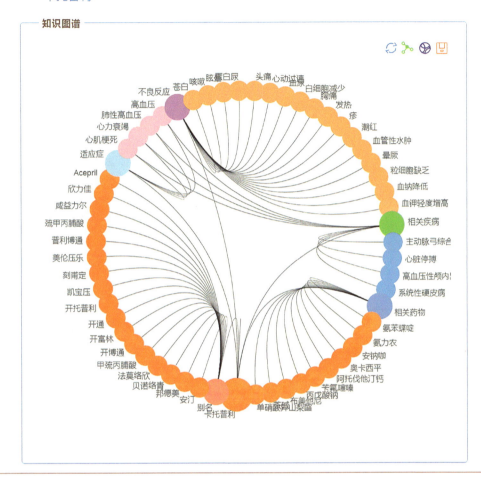

图 3-60　卡托普利知识图谱和弦图

4. 水利分中心水问知识图谱应用工具

水问知识图谱应用工具以水利专业知识智能化服务为目标，建立了水利百科知识与涉水对象知识融合的水利专业知识图谱，在此基础上以图谱的形式建立联系并进行可视化展示，支撑实现对水利知识的一站式检索，揭示不同水利对象间的关系，提供系统化的水利知识服务。其亮点如下：

1）构建了 14 类水网实体及百科实体和 13 类实体关系。系统基于汇集的多源水利数据，整理出水系、河流、湖泊、水利管理机构、水利科研机构、百科词条等 14 类水网实体与水利百科实体，并构建了河流 - 行政区域、水库 - 河流、人员 - 机构等 13 类水利对象间的关系，将各类水利对象间的关系（图 3-61、图 3-62）进行了组织和梳理，便于用户对涉水问题进行系统性查询。

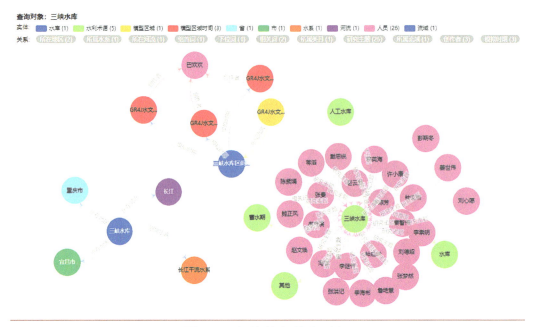

图 3-61 水利对象间关系示例 1

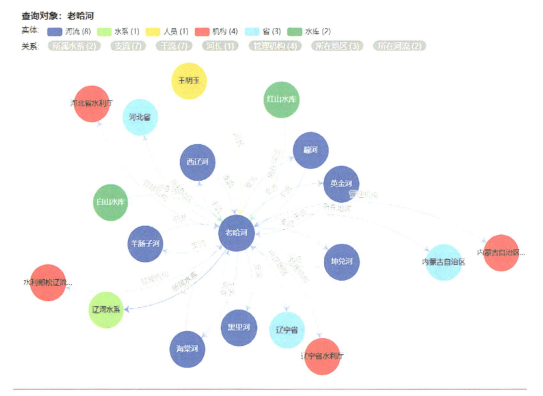

图 3-62 水利对象间关系示例 2

2）建立了丰富的数据关联，实现了便利的实体关系扩展。系统建立了水利百科与水网对象等多个主题域水利知识图谱之间的跨域关联，既有水利知识体系的关联、天然河网水系的关联、水利工程体系的关联、涉水机构与自然人的关联，又有上述知识体系的跨域关联。基于丰富的数据关联，系统可便利地扩展与查询对象相关联的实体与属性，挖掘水利对象间的潜在联系（图 3-63、图 3-64）。

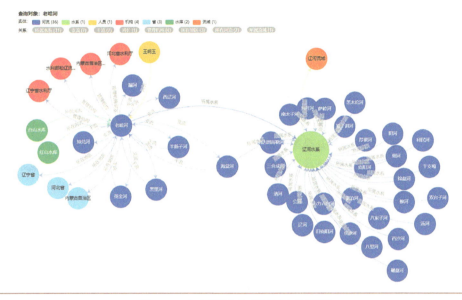

图 3-63　知识图谱水系扩展查询示例

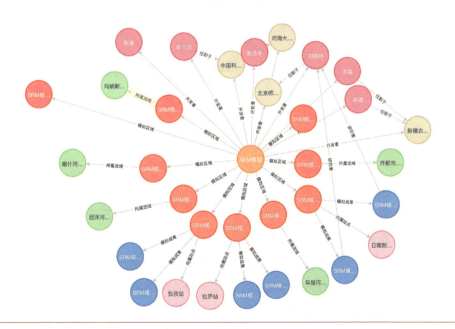

图 3-64　水文模拟知识图谱查询示例

5. 地理信息分中心全国行政区划知识图谱应用工具

全国行政区划知识图谱应用工具基于全国省、市、县、乡四级行政区划知识库，结合地理底图和地表覆盖数据等，从空间维度展示省、市、县、乡之间的关联关系和空间分布，在地图上直观展示各个行政区域实体相关的知识（包括人口、耕地、气候、著名景点、名人、地表覆盖等），支持知识点展示、地表覆盖数据按行政区划可视化对比、增量实时计算等功能。其亮点如下：

1）实现了省、市、县、乡四级行政区划知识图谱关联知识查询及展示。系统基于省、市、县、乡四级行政区划隶属关系，关联结构化知识点和地理实体，构建了全国行政区划知识图谱。通过网络爬虫、人工处理等方式收集全国省、市、县、乡四级行政区划知识，进行结构化处理，建立可动态扩展的全国四级行政区划知识库，包括人口、耕地、气候、著名景点、历史沿革、名人等31个字段知识点。将行政区划与地理实体、地图数据、地表覆盖数据等结合，从空间维度展示省、市、县、乡相关信息的空间分布，并提供可视化展示。

系统通过行政区划层级关系，延伸知识图谱，支持按照行政区划隶属关系，查询行政区划节点；同时，系统支持在地图上通过图形化关联关系进行节点回溯。省、市、县节点的子节点包括两类：一类是下属行政区划节点，另一类是结构化属性知识节点；乡镇节点只有结构化属性知识节点。

2）提供空间增量知识在线计算服务。全国行政区划知识服务基于两期全球30米地表覆盖数据（GlobeLand30），提供空间增量知识在线计算功能，利用已有的10类存量地表空间知识（水体、湿地、人造地表、苔原、冰川和永久积雪、草地、裸地、耕地、灌木地、森林），根据用户需求在线计算空间变量，如某个行政区划的耕地、森林等变化。

3.3.4 垂直领域智能检索工具

垂直领域智能检索工具是指基于行业内不同标准的数据资源或者用户提供的数据样例，通过相似度函数计算、文本相似度算法、定位解析等方法，实现不同标准的数据资源的对照查询和匹配检索，并以地图、表格等方式展示。它可服务于科研人员和全国用户，帮助用户进行快速数据查询与对比服务，为用户提供在线空间化和可视化服务。材料分中心的牌号性能查询工具、试验技术分中心的实验室服务能力查询工具、地理信息分中心的专题数据快速空间化工具、信息技术分中心的元器件选型工具及林业工程分中心的林业搜索移动端应用工具属于垂直领域智能检索工具典型，具体如下。

1. 材料分中心牌号性能查询工具

牌号性能查询工具可方便地实现各国材料牌号的对照查询与匹配检索，对材料科技工作者具有非常重要的意义。其亮点如下：

1）数据涵盖中国、日本、美国、欧洲等国家和地区的材料标准体系，包括中国 GB、YB，日本 JIS，美国 ASTM、AISI、SAE、AWS、ASME、UNS、API、AMS，德国 DIN，英国 BS，法国 NF，欧盟 EN，国际标准 ISO 等数万个牌号和品种。数据包括化学成分、机械性能、物理性能、近似替代材料对照表等。同时，数据定期或不定期更新、替换或剔除，以保证连续性和时效性。

2）系统将材料的成分、性能数据及用途、形状、特殊性能、交货状态等信息表述为一组数学特征，通过建立不同材料牌号的相似度函数，实现各国材料牌号的对照查询和匹配检索（图 3-65），同时通过树形菜单、表格进行展示（图 3-66）。

图 3-65　牌号性能查询界面

图 3-66　牌号性能查询结果详情页

2. 试验技术分中心实验室服务能力查询工具

实验室服务能力查询工具基于中国合格评定国家认可委员会（China National Accreditation Service for Conformity Assessment，CNAS）认可的近万家检测实验室的认可检测能力附表，提供按检测需求寻找实验室的查询服务。用户可根据检测对象、项目参数、检测标准（或方法）、地址等条件进行检索。查询结果清单，关联试验技术分中心的试验机构数据库，用户可以通过单击实验室名称，获得该实验室的联系人及联系方式等信息。其亮点如下：

1）数据全，时效性好。系统基于 CNAS 认可的 9252 家检测实验室、11 184 个关键场所、4 685 949 条检测服务能力数据。同时，数据会随着 CNAS 持续跟踪确认实验室的能力保持和变更情况而更新，保证实验室公开的检测能力持续、有效，具有实效性。

2）查询多维度、信息专业化。实验室的服务能力可根据检测对象、项目参数、检测标准（或方法）、地址等条件进行检索（图 3-67）。单击实验室名称，可进一步获得具备该项检测能力的实验室的联系人及联系方式等信息（图 3-68）。

检测实验室服务能力查询

请输入检测对象	请输入项目参数	请输入检测方法或者编号	请输入实验室名称	请输入地址	Q 搜索

检测对象	项目参数	检测方法	说明	实验室名称	地址
铁矿石	铜	铁矿石 铜含量的测定 双环己酮草酰二腙分光光度法 GB/T 6730.35-2016		钢研纳克检测技术股份有限公司	北京市海淀区高梁桥斜街13号
铁矿石	铜	铁矿石 铜含量的测定 火焰原子吸收光谱法 GB/T 6730.36-2016		钢研纳克检测技术股份有限公司	北京市海淀区高梁桥斜街13号
铁矿石	钴	铁矿石钴含量的测定火焰原子吸收光谱法 GB/T 6730.52-2018		钢研纳克检测技术股份有限公司	北京市海淀区高梁桥斜街13号
铁矿石	钴	铁矿石 钴含量的测定 亚硝基-R盐分光光度法 GB/T 6730.38-2017		钢研纳克检测技术股份有限公司	北京市海淀区高梁桥斜街13号
铁矿石	镍	铁矿石 镍含量的测定 丁二酮肟分光光度法 GB/T 6730.39-2017		钢研纳克检测技术股份有限公司	北京市海淀区高梁桥斜街13号
铁矿石	镍	铁矿石 镍含量的测定 火焰原子吸收光谱法 GB/T 6730.60-2005		钢研纳克检测技术股份有限公司	北京市海淀区高梁桥斜街13号
铁矿石	铬	铁矿石火焰原子吸收光谱法 GB/T 6730.57-2004		钢研纳克检测技术股份有限公司	北京市海淀区高梁桥斜街13号
铁矿石	铝、钙、镁、锰、磷、硅、钛	铁矿石 铝、钙、镁、锰、磷、硅和钛含量的测定 电感耦合等离子体发射光谱法 GB/T 6730.63-2......		钢研纳克检测技术股份有限公司	北京市海淀区高梁桥斜街13号
铁矿石	砷、铋、锑、汞	铁矿石 砷、铋、锑和汞含量的测定 原子荧光光谱法 NACIS/C H 0 46:2013		钢研纳克检测技术股份有限公司	北京市海淀区高梁桥斜街13号
铁矿石	钠、钾	铁矿石 钾含量的测定 火焰原子吸收光谱法 GB/T 6730.49-2017		钢研纳克检测技术股份有限公司	北京市海淀区高梁桥斜街13号

上一页　下一页　当前页:1 共465197页 跳转到　　页　跳转

图 3-67　实验室服务能力查询示例

钢研纳克检测技术股份有限公司

单位地址	北京市海淀区高梁桥斜街13号
邮政编码	100081
联系电话	010-62188671
联系人	刘正
报告/证书允许使用认可标识的其他名称	国家钢铁材料测试中心，国家钢铁产品质量监督检验中心
注册编号	L0272
省份	北京市
国家或地区	中国
认可有效期限	2023年07月15日
首次签发日期	2001年02月18日
网站地址	www.ncschina.com
传真号码	010-62182584

图 3-68　查询结果清单中实验室的基本信息

3. 地理信息分中心专题数据快速空间化工具

专题数据快速空间化工具是用于自动或者人工对给定的机构名称进行定位解析，以获取其经纬度、行政区划、对应的地址等结构化信息，并提供对定位结果进行空间聚合展示功能的工具集。该工具包含"机构名称智能解析系统"桌面版、"机构名称在线空间化"网站、Web API 服务三种部署方式。其中，"机构名称在线空间化"网站包括三个模块，即地名匹配、专题可视化、名址众包采集。其亮点如下：

1）专题数据快速空间化工具基于百度地图、高德地图、天地图、企查查企业信息网站对地名的地址进行智能解析，具备较高的定位准确率。对于无法精确定位的地址，给出了与它语义相近的地址，再经过人工定位。所有成果数据，都经过了反复人工审核，以确保机构位置的正确性。所有标注的成果数据，经过大量反复试验，只有精确度高于85%的数据才能入库，其余的剔除重审。

2）多源解析与动态聚合可视化展示。系统基于多线程技术开发了机构名称快速匹配查询算法，对百度地图、高德地图、天地图、企业信息离线数据库、百度企业信用等多种数据源进行快速匹配查询，提供精确查询和模糊查询两种模式，精确查询正确率在98%以上。模糊查询模式下，无匹配的同名机构将根据词频一逆向文件频率（term frequency-inverse document frequency，TF-IDF）算法推送最优解析结果。

解析成功后，系统可以以地图和表格的方式展示解析结果。页面提供手动编辑功能和常用数据格式导出，可以边浏览边更新。对于大批量数据解析，通过地图方式提供了定制的聚合展示功能，便于用户快速查看与定位。

3）基于文本相似度算法推荐最优解析结果。在不同搜索场景下，对于机构名称改变或未精确查询到的机构名称，网站基于 TF-IDF 算法，计算机构名称相似度，推荐相似度最高的查询结果，便于用户快速定位。

4. 信息技术分中心元器件选型工具

元器件选型工具从产品型号、名称、制造商、产品分类等多个角度查询电子元器件产品信息，可以展示产品的介绍、遵循的技术规范、采用的封装形式、工作温度范围等基本信息，也可以展示各类产品的详细性能指标，同时提供产品样本（datasheet）下载服务。其亮点如下：

1）涵盖 334 类电子元器件，基本覆盖主要元器件产品。系统根据信息技术分中心多年积累，通过对国内外元器件产品数据的广泛收集和整理，针对不同产品的不同性能指标描述，设计了 334 类电子元器件指标模板，基本覆盖了领域内的主要产品（图 3-69）。产品数据直接来源于企业，覆盖主要元器件制造企业。信息技术分中心收录了 12 万条国内外电子元器件产品数据，数据均来自于国内外企业网站和产品数据手册，基本反映了电子元器件的生产、应用水平。

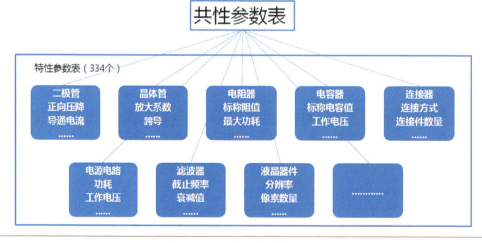

图 3-69　共性参数表架构图

2）灵活多样的检索查新，满足多种应用需求。用户可以通过元器件产品分类、名称、型号等多个检索条件，查询电子元器件产品信息（图 3-70）。同时，系统可以为企业采购、设计提供服务。

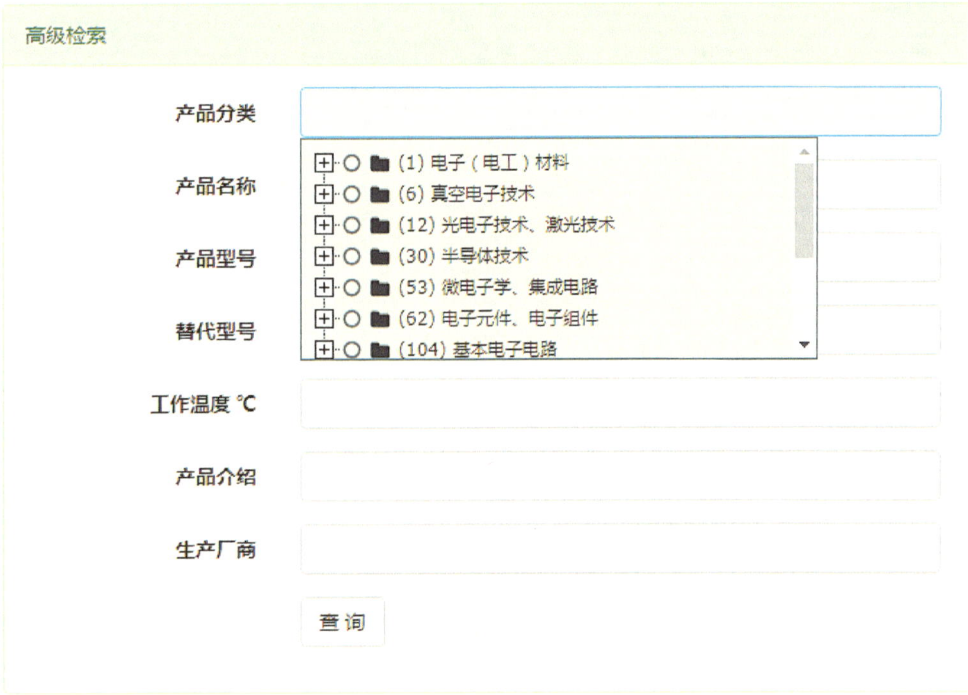

图 3-70 电子元器件产品信息查询界面

3）较为完备的产品数据，信息客观翔实。系统可以提供较为完备的产品信息，包括产品基础信息、产品特性参数、厂商详细信息等，帮助用户全方位了解产品，以便做出更科学、合理的决策（图 3-71）。

5. 林业工程分中心的林业搜索移动端应用工具

林业搜索移动端应用工具基于安卓系统和苹果系统，采用微信公众号接口技术开发，将林业专业知识服务系统不同类型数据库的电脑端界面整合为自适应不同手机等移动端应用的操作界面呈现给用户，提供移动设备的"一站式"检索和个性化推荐服务，真正实现了林业科技数据的随时随地获取，有助于解决信息获取的时效性和地域性限制，为林业科技创新提供了重要支撑。其亮点如下：

1）用户无须注册和安装，只需关注微信公众号"林业知识服务"就可以直接使用林业搜索移动端应用（图 3-72）。数据资源每日更新，用户可免费获取全面精准的林业科技数据，使用起来更为便捷和高效。

2）系统提供统一搜索、知识链接和林业标准、专利、期刊等原文的获取服务，极大地提高了资源获取的便捷性。系统对每个数据资源的著者、关键词建立了知识链接，如专家、成果、专利频道可链接相应的媒体报道、获奖成果、专利和标准等信息（图 3-73），

产品基础信息

属性	属性值
产品名称：	普通整流二极管
产品型号：	1N4001
封装代码：	DO-41
产品文档下载：	获取文档

产品特性参数

参数名称	参数值	测试条件
最大反向电压（Max. Reverse Voltage），Vr，Vrrm	50 V	
最大平均整流电流 If(av),Io 正向连续电流,Ifm	1 A	
峰值正向浪涌电流（Peak Forward Surge Current），Ifsm	30 A	
最大正向电压（Max. Forward Voltage），Vf	1.1 V	If=1A
最大反向电流（Max. Reverse Current），Irm	5 μA	Vr=50V

商详细信息

属性	属性值
厂商名称：	深圳市瑞隆源电子有限公司
厂商地址：	深圳市福田区博林路13号人我大厦8楼
联系电话：	0755 - 82908298
传真号码：	82908002
电子邮箱：	jack@ruilon.com
网站地址：	www.ruilon-tvs.com
主要产品：	tvs管,tvs二极管,贴片tvs管,单向tvs管,tvs管封装,双向tvs管

Transient Voltage Suppressors Diodes (TVS)

Type Number		Reverse Stand-Off Voltage	Breakdown Voltage		Test Current	Max Clamp Voltage 10/1000μs	Peak Pulse Current 10/1000μs	Reverse Leakage		Package Dimensions (mm) and (in inches)
		VRWM	VBR @IT		IT	VC@IPP	IPP	IR@VRWM		
UNI	BI	V	Min(V)	Max(V)	mA	V	A	UNI(μA)	BI(μA)	
5000W Transient Voltage Suppressors Diodes(P600)										
5KP5.0A	5KP5.0CA	5.0	6.40	7.25	50	9.2	543.0	5000	10000	
5KP6.0A	5KP6.0CA	6.0	6.67	7.67	50	10.3	485.0	5000	10000	
5KP6.5A	5KP6.5CA	6.5	7.22	8.30	50	11.2	447.0	2000	4000	
5KP7.0A	5KP7.0CA	7.0	7.78	8.95	50	12.0	417.0	1000	2000	
5KP7.5A	5KP7.5CA	7.5	8.33	9.58	5	12.9	388.0	250	500	
5KP8.0A	5KP8.0CA	8.0	8.89	10.23	5	13.6	367.0	150	300	
5KP8.5A	5KP8.5CA	8.5	9.44	10.82	5	14.4	347.0	50	100	
5KP9.0A	5KP9.0CA	9.0	10.00	11.50	5	15.4	325.0	20	40	
5KP10A	5KP10CA	10.0	11.10	12.80	5	17.0	294.0	15	30	
5KP11A	5KP11CA	11.0	12.20	14.00	5	18.2	274.0	10	10	
5KP12A	5KP12CA	12.0	13.30	15.30	5	19.9	251.0	10	10	
5KP13A	5KP13CA	13.0	14.40	16.50	5	21.5	232.0	10	10	
5KP14A	5KP14CA	14.0	15.60	17.90	5	23.2	215.0	10	10	
5KP15A	5KP15CA	15.0	16.70	19.20	5	24.4	206.0	10	10	
5KP16A	5KP16CA	16.0	17.80	20.50	5	26.0	192.0	10	10	
5KP17A	5KP17CA	17.0	18.90	21.70	5	27.6	181.0	10	10	
5KP18A	5KP18CA	18.0	20.00	23.30	5	29.2	172.0	10	10	
5KP20A	5KP20CA	20.0	22.20	25.50	5	32.4	154.0	10	10	
5KP22A	5KP22CA	22.0	24.00	28.00	5	35.5	141.0	10	10	
5KP24A	5KP24CA	24.0	26.70	30.70	5	38.9	128.0	10	10	
5KP26A	5KP26CA	26.0	28.90	33.20	5	42.1	119.0	10	10	
5KP28A	5KP28CA	28.0	31.10	35.80	5	45.4	110.0	10	10	
5KP30A	5KP30CA	30.0	33.30	38.30	5	48.4	103.0	10	10	
5KP33A	5KP33CA	33.0	36.70	42.20	5	53.3	94.0	10	10	
5KP36A	5KP36CA	36.0	40.00	46.00	5	58.1	86.0	10	10	
5KP40A	5KP40CA	40.0	44.40	51.10	5	64.5	78.0	10	10	

图 3-71　产品信息查询结果页面

图 3-72　林业搜索移动端首页

图 3-73　林业搜索移动端检索结果页面

实现了基于各类移动终端设备，对各类数据库资源进行统一检索和全文访问阅读，提供全面、便捷、智能的多维度林业知识服务。

3.3.5 个性化制图工具

个性化制图工具是指支持各领域用户通过灵活选择制图指标，如自定义或扩展统计指标、符号、色系、底图等，快速生成独具特色的专题统计图。环境分中心的环境制图工具属于个性化制图工具典型，具体如下。

环境制图工具提供交互式的在线 GIS 制图服务，全面支持用户自定义统计指标、符号、色系、地图底图等操作，快速生成独具特色的专题统计地图。其亮点如下：

1）环境制图工具采用的数据为历年环境统计数据，来自于国家统计局和生态环境部共同制定、发布的《中国环境统计年鉴》及国家统计局官方网站数据，经数字化处理、建库后应用，其中包括环境领域 1000 多个环境指标数据。同时，从 2000 年至今，系统根据每年统计数据发布时间进行年度更新。

2）支持用户自选指标，在线实时生成统计地图。系统支持用户在环境指标中选择单个或多个指标、单一或多个年份（图 3-74），实时生成各类统计地图；可展示各类指标数据的全国分布、单一指标的纵向年际变化、多个指标的横向数值对比，同时可叠加指标的面状分级统计底图进行多维度信息统计；可根据用户需求在线生成各类统

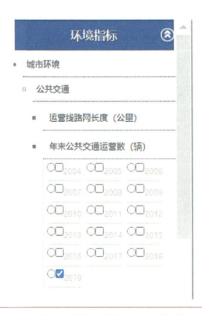

图 3-74　分类、分级、分年度的环境统计数据

计图，生成的统计图可以保存到本地。

3）统计指标库可扩展，制图工具可通用于各领域专业。制图工具具有通用性、普适性，系统只需对指标库进行扩充、扩展，就可应用于其他领域和专业。制图工具构建的指标库分类、分级、分年度，包含环境领域 1000 多个统计指标的历年数据，指标库可更新维护、可扩展到其他领域专业。

4）制图功能灵活，统计符号 / 颜色 / 地图可自定义。制图工具可生成多种统计图，包括柱状图、饼图、环形图、标准线图、散点图等，地图背景色、底图颜色、统计符号的色系可自定义调色（图 3-75）。地图底图可以切换，包括行政区底图、遥感影像底图、百度底图以及各类生态环境专题图。

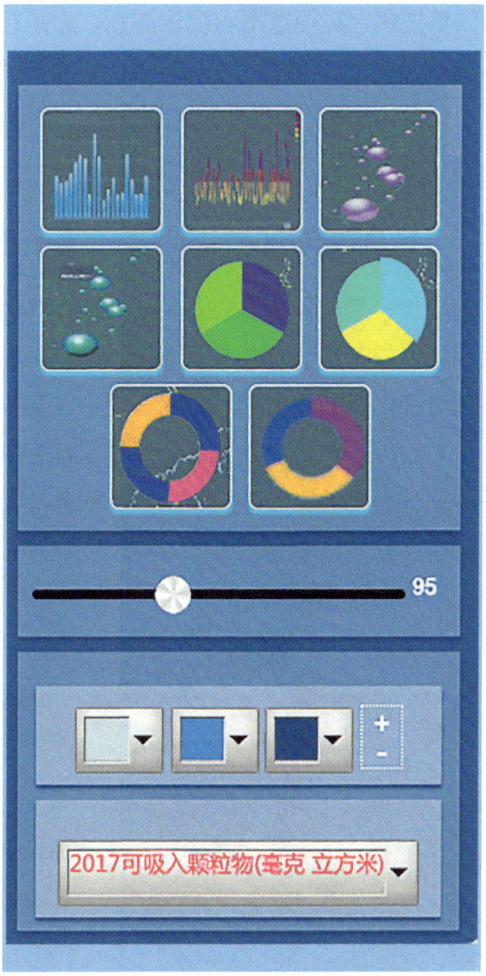

图 3-75 多颜色、多类型的统计图

3.4 专题类知识服务

专题类知识服务是指系统针对某个特定专业、专题领域的用户群体个性需求，整合专业领域特色资源并采用人工和系统工具相结合的方式，开展数据分析、标引、关联等，形成专题性分析报告、信息聚合专题等产品，服务于政府决策部门、科研部门和社会大众。针对不同的对象目标，将专题类知识服务分为面向国家重大战略、面向公共安全突发事件及面向热点领域的专题服务。

3.4.1 面向国家重大战略的专题服务

面向国家重大战略的专题服务是指系统针对国家重大战略部署，收集、整理相关数据资源，并通过深入分析形成战略咨询报告，并结合地图空间展示及图表可视化关联等技术，实现数据可视化展示，为政府部门、国家重大战略研究提供专业知识服务。创新设计分中心的"一带一路"大数据专题服务、农业分中心的乡村振兴专题服务、材料分中心的强国战略专题服务、总平台的智库观点专题服务属于面向国家重大战略的专题服务典型，具体如下。

1. 创新设计分中心"一带一路"大数据专题服务

"一带一路"大数据专题服务旨在分析目前六大经济走廊沿线国家的优势产业情况和合作态势，提出中国制造业迈向高质量国际合作的发展方向和路径，并通过图表和可视化关联图提供"一带一路"大数据服务。其亮点如下：

1）基于"一带一路"沿线国家制造业现状、"一带一路"沿线国家重大战略对接研究等数据，实现了"一带一路"数据可视化展示（图3-76），主要包括进口电动机国家占比情况、进口半导体设备国家占比情况、优势产业分析、"一带一路"发展倡议占比情况等。

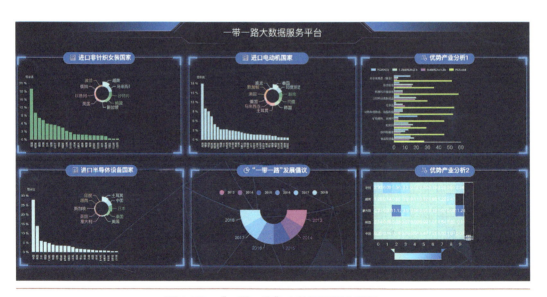

图 3-76　"一带一路"大数据可视化展示

2）系统利用多维尺度分析方法计算"一带一路"国际合作关系，通过两国之间的贸易总额来定义其相似性，将"一带一路"沿线国家以点的形式反映在二维空间上，通过点与点之间的距离来体现国家间贸易密切程度。为了更加直观地体现二维散点图中国家间的贸易关系，利用核密度估计得到了整个散点集的概率密度函数，然后通过等高线的形式将概率密度可视化，等高线越高表明国家间贸易关系越密切（图3-77）。

"一带一路"沿线六大经济走廊优势产业及制造业国际合作现状分析

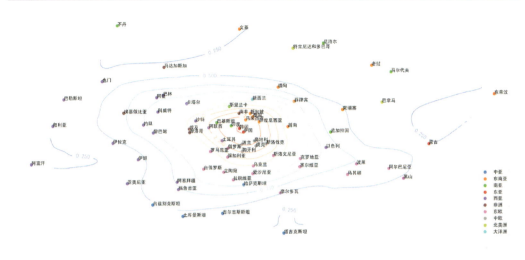

图 3-77　2016 年总体贸易数据多维尺度分析结果图

2. 农业分中心乡村振兴专题服务

乡村振兴专题服务紧密围绕国家"乡村振兴战略"部署，深入解读中央一号文件、乡村振兴战略政策，对比分析中国"三农"十年统计数据，汇总精准扶贫、乡村振兴经典案例，构建了以"乡村振兴"为专题的知识服务产品。数据信息主要来自农业农村部、国家统计局和各省份农业农村厅等，权威可靠，约每两周进行一次数据更新。系统采用数据爬虫、数据清洗和加工、索引等技术，实现各栏目内容精准展现。其亮点如下：

1）汇集历年中央一号文件及权威解读，展现政策演变过程。系统汇总展现 2004 ~ 2020 年的中央一号文件，并关联展现相应的权威解读，全面展现国家乡村振兴战略规划的发展演变（图 3-78）。

2）采用可视化方式多维度展现国家"三农"十年变迁全貌。系统依据国家统计局《全国农业普查公报》，筛选出代表"三农"发展变化情况的统计指标，使用 ECharts 以柱状图、折线图等图表形式展示 2006 ~ 2016 年农业经营主体和人员、农业机械和设施、农村基础设施建设和公农村基本共服务等变化情况，通过数据对比反映农业农村发展新面貌和农民生活新变化（图 3-79）。

3）实时整理国内外乡村振兴和精准扶贫案例，构建精品案例库。系统搜集、整理国内外乡村振兴和精准扶贫精品案例，图文并茂地向用户展示乡村振兴和精准扶贫成果（图 3-80）。

图 3-78　中央一号文件及相应政策解读

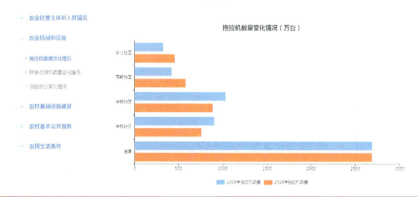

图 3-79　中国"三农"十年数据对比

图 3-80　乡村振兴和精准扶贫案例集锦

3. 材料分中心强国战略专题服务

强国战略专题服务紧密结合中国工程院"新材料强国 2035 战略研究"重大咨询项目，全面汇集并及时更新国家发展和改革委员会、科学技术部、工业和信息化部等国家部委以及国家新材料产业发展专家咨询委员会等高端智库发布的权威数据信息，梳理当前我国新材料相关领域发展现状，统计各省份集聚区、企业、创新载体和产品的分布情况，计算出产品集中度、企业分布、创新载体分布、集聚区分布等，利用地理信息分中心的地图服务，以地图、表格等可视化方式进行数据和关系展现。其亮点如下：

1）覆盖 10 类新材料领域数据。系统基于官方或高端智库发布的最新数据，整理出当前我国新材料产业发展中的重点企业、重点集聚区、重点平台、产业基地、国家企业技术中心、专特精新"小巨人"企业、创新型产业集群、战略性新兴产业集群等数据，有助于解决材料科技领域战略研究、科研生产工作者数据收集和整理的难题（图3-81）。

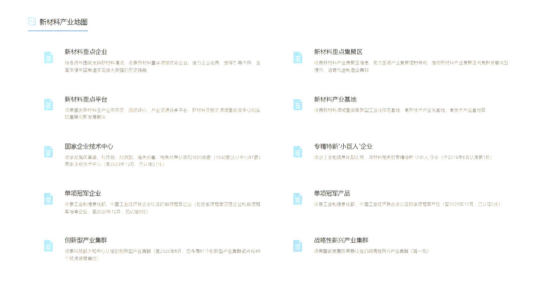

图 3-81　10 类新材料领域数据展示

2）重点产品关联下游应用。系统通过地图和表格之间的相互关联，根据单击灵活切换，通过上钻、下钻展现不同内容之间的有机联系（图 3-82）。

4. 总平台智库观点专题服务

智库观点专题服务聚焦工程科技领域，参考美国宾夕法尼亚大学《全球智库报告》、浙江大学工程科技智库榜单、首批国家高端智库建设试点 25 家单位，确定 200 余家智

图 3-82　重点产品关联关系展示

库作为跟踪对象，包含各类学会、协会、实验室、研究院、咨询公司、各国科学院、工程院、能源卫生环保组织等，及时跟踪、收集、整理这些机构的相关研究报告和研究快讯，对报告数据进行主题提取、要点摘录、全文碎片化加工、目录图表提取、观点提取生成导图等碎片化加工处理，提供报告详情预览、全文在线预览和全文下载服务，搭建起展示全球工程科技领域智库最新报告与研究快讯的服务平台。

　　智库观点专题服务采用的关键技术包括 XML 碎片化、命名实体抽取、关联关系挖掘、数据采集、数据清洗等技术。其中，XML 碎片化和命名实体抽取技术主要用于对研究咨询报告的全文碎片化加工，章节段落句子拆分，抽取研究报告项目名、报告名、项目编号、学部、承研机构、发表时间、课题组名称、课题组组长（院士）、课题组副组长、课题组主要成员（成员单位 成员名 单位 职务）、摘要、全文等关键字段，生成 XML 网页进行对外发布；关联关系挖掘技术主要以主题词和向量权重计算大量动态和报告中的相似段落和相关段落，从而进行观点句或段落提取、聚类，用于辅助生成观点导图；数据采集和数据清洗技术主要用于对 200 余家工程科技领域智库成果和研究动态进行采集和数据规范化。

智库观点专题服务亮点如下：

1）中国工程院战略研究咨询报告的首发平台，深度加工梳理研究脉络（图3-83）。系统实现了中国工程院战略研究咨询报告历史资源存量的全文深度碎片化加工、关键字段提取、观点提取和观点导图抽取功能，首次面向研究人员发布中国工程院可公开的全部战略研究咨询课题主报告632篇，单篇报告支持全文目录式辅助阅读，针对精选报告进行观点抽取并模型化，实现单篇及多篇成果的核心观点组织、聚类和图解可视化，实现成果观点的个性化图解详情分析展示，可链接至具体章节实现关联段落浏览，帮助研究人员厘清研究思路和研究脉络（图3-84）。

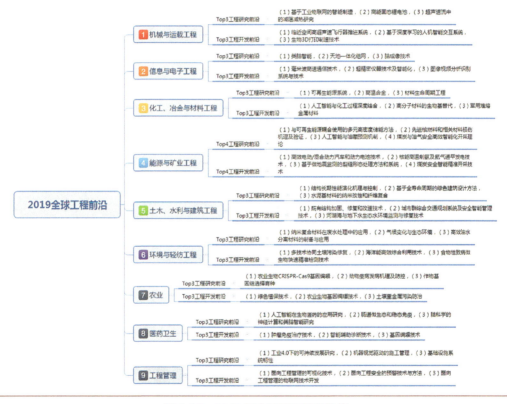

图 3-83　2019 年全球工程前沿脉络

2）工程科技领域精选智库报告的聚合平台，跟踪发现最新研究成果。系统跟踪、收集、分析了全球 200 余家知名智库的研究成果和研究动态，加工后展示成果报告的标题、机构、作者、发布日期、来源地址、摘要、成果附件、标签词等必要字段数据，精选环境保护、人工智能等研究热点建立专题，梳理专题研究时间轴、聚类专家观点、领域成果、研究动态、相关政策等核心趋势内容，推送智库前沿快讯和最新成果（图3-85、图3-86）。

图 3-84   咨询报告部分截图

图 3-85   环境保护时间轴

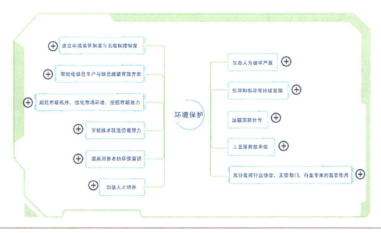

图 3-86　专题观点

3.4.2 面向公共安全突发事件的专题服务

面向公共安全突发事件的专题服务是指针对公共安全突发事件快速掌握系列权威数据，并通过加工整合成高质量数据资源产品，并搭建专题服务平台，响应数据及知识服务需求。该专题服务为相关领域管理决策者、科技工作者提供专业、权威、科学的知识服务，也可面向公众提供科普知识。医药卫生分中心的新冠肺炎专题服务、化工分中心的肺炎疫情专题服务、学术活动分中心的智能驾驶舱（新冠肺炎疫情专题服务）、地理资源与生态分中心的地震救灾直通车专题服务都属于面向公共安全突发事件的专题服务典型，具体如下。

1. 医药卫生分中心新冠肺炎专题服务

以国家卫生健康委员会、中国疾病预防控制中心及各省份卫生健康委员会平台，新华网、人民网等资讯平台，以及 The Lancet、bioRxiv、medRxiv 等权威平台为主要信息源，对新冠肺炎疫情动态（每日／累计确诊、疑似、死亡、治愈数等）、防疫指南、定点诊治医院查询、权威报道、医学文献、政策法规、公众关注热度等多方面的实时数据和权威知识进行采集与整合，通过百度、微信、微博等平台调研分析公众关注热度，利用 ECharts 生成治愈及死亡情况、全国疫情趋势对比、当日疫情分析 3 类图表（主要使用 POI 点图、折线图、柱状图、圆环图等可视化方式）；为突出重点地区疫情情况，专门收集湖北、北京两省市卫生健康委员会数据，对两地区进行深入的疫情分析。其亮点如下：

1）每日疫情播报和数据分析模块。基于全球各平台、各渠道发布的疫情数据信息，实现了全球新增确诊、新增死亡、累计确诊、累计死亡等情况的可视化展示（图 3-87、图 3-88），对研究疫情拐点、研判疫情趋势、洞察公众关注度提供了及时、准确、客观、

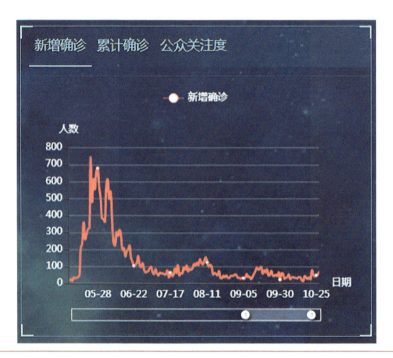

图 3-87　每日疫情全国分布截图

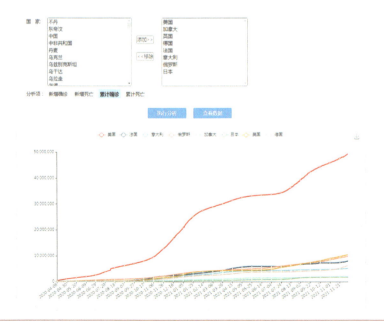

图 3-88　全球疫情可视化分析

有价值的统计分析。

2）多方位、多角度提供学术交流。针对突发的新冠肺炎疫情，平台遴选了国内外权威医学文献、临床研究、指导规范、科技发文、重要报告等权威科技信息，其中科研论文部不仅包括《柳叶刀》《自然》等权威学术期刊，还收集发布国际较为认可的预印本平台中的研究成果；整理每日疫情快报（图 3-89），精选必要、有代表性的研究、政策，可快速反映当日疫情发展；完成疫情分析报告，解析疫情数据背后的意义，了解疫情发展的信号，为一线医护人员、疫苗、药物研发科研团队提供多元的疫情知识服务，开展科研攻关。

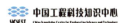

《中国工程院中国工程科技知识中心冠状病毒疫情专题推送》第十三期

中国工程院中国工程科技知识中心
中国工程科技知识中心医药分中心

2020 年 2 月 18 日

按照中国工程院疫情防控工作有关要求，为保障院士身体健康，提高院士自身疫情防控意识，更加全面获取疫情防控相关信息，中国工程科技知识中心将组织专业队伍为院士搜集整理最新防控信息，供院士参考。推送频率为每日一期，内容主要包括防控知识、专家观点、科研成果、国家政策，以及工程院院士为疫情防控开展的工作。

[本期概述]

中央应对新冠肺炎疫情工作领导小组部署继续做好湖北省特别是武汉市医疗救治和保障，在加强疫情防控的同时推动有序复工复产。钟南山谈疫情拐点：预估二月中下旬达峰值，但不等于拐点已到。中国疾控中心发布迄今最大新冠病例分析报告。中国工程院：疫情防控主战场，院士担当显风采。

截止到 2 月 18 日 16 时，全国确诊病例 72530 例，治愈 12733 例，死亡 1870 例。世卫组织 17 日报告，全球共 26 个国家爆发了新冠疫情。除中国外，其他国家累积确诊 698 人。

图 3-89　疫情快报

3）快速传递丰富全面的防护知识。平台整理全国定点医院以及各省份发热门诊，汇总疫情查询工具，及时更新科普防护知识、辟谣消息，进而为公众提供权威、专业、全面、多元的疫情信息查询与获取服务，以充分发挥平台在医药卫生领域信息支撑与知识服务的作用（图3-90）。

防控助手

图 3-90 疫情查询工具、科普防护、辟谣消息等防护知识宣传界面

2. 化工分中心肺炎疫情专题服务

肺炎疫情专题服务提供新冠肺炎疫情相关信息，并对疫情下的中国企业提供风险预警。数据来源于互联网、中国化工信息中心自建数据库以及全球顶级商业分析报告数据库，经过人工加工和中国化工信息中心咨询团队的整合分析，使零散的信息系统化，从而对用户具有较高的指导性。系统信息统一存储在资源池内，各个版块通过关键词检索的方法调用相关信息。系统检索纳入化工叙词表、中英文对照词表，结果会自动扩展，从而提高检全率，丰富栏目展示资源。各版块信息均关联其相关信息，相关度系统采用 TF-IDF 算法，这是一种用于信息检索与数据挖掘的常用加权技术，无须过多人工干预，通过对文摘等的分析去关联相关文献。其亮点如下：

1）资讯突出化工特色，人工信息深加工。除各大网站常见新闻外，系统还人工筛选了互联网中有关化工企业在抗疫中的最新动态（"化工人在行动"版块），并且人工对信息进行了编辑加工，使用户及时了解酒精、消毒剂、口罩等与疫情密不可分的产品的生产动态等，体现出该专题的化工特色。

2）疫情下的全球风险投资预警与建议。全球一体化的大背景下，中国企业"走出去"的步伐加快，而 2020 年新冠肺炎疫情给全球经济带来了巨大影响，也影响了中国企业的对外投资。中国化工信息中心咨询团队通过对世界主要经济体以及"一带一路"沿线国家和地区的政治、经济环境进行分析，提出针对性的风险应对方案。该分析每周更新，帮助中国"走出去"企业快速了解投资风险信息，识别、评估、及时应对海外投资风险，从而为企业决策提供及时的导向和参考。

3. 学术活动分中心智能驾驶舱

智能驾驶舱是基于知识的全球新冠肺炎疫情风险评估和复工辅助决策系统，提供基于知识驱动、全球疫情统计数据和预测模型，对世界各地疫情发展及风险状况进行量化评估和预测；跟踪各方面最新疫情进展，包括科学研究、政府动态和社会舆论等；面向地区、机构和个体提供复工复产各方面的辅助决策支持，包括地区疫情风险评估、政府政策推荐、个人生理和心理健康自测评估等。

系统收集来自世界各地各种类型开放数据源 335 个，包括国家卫生健康委员会、世界卫生组织等官方发布的权威数据，《科学》《自然》《柳叶刀》等权威学术期刊发表的科研成果数据，以及新华网、南都传媒、Worldometers 等的新闻数据。同时，还对所收集的官方和非官方数据源进行实时更新、整合。针对疫情，系统从各类官方渠道定期获取疫情数据并针对各种数据源的地区数据进行匹配。对于不同来源的数据有冲突或存在时序上前后不一致的问题，系统再进行一定程度的整合处理，最终以可视化方式进行展示。针对相关事件，系统收集高质量中英文新闻/论文数据源，跟踪数据源的实时变化并做去重、实体识别。针对风险指数，系统整理非实时数据，如人口密度等，以及约翰斯·霍普金斯大学的全球卫生安全数据，并根据疫情数据和事件数据实时得出风险指数。

该专题服务亮点如下：

1）汇集全球疫情发展态势。系统从各类官方渠道定期获取疫情数据，并针对各种数据源的地区数据进行匹配，以世界地图为主要载体，汇集并呈现当前全球疫情的发展态势。

2）标识不同时间内的应对措施。地图上标识不同国家、地区在不同时间内的各种应对措施，如政府所采取的行动或者业界的一些响应。除国家数据外，在疫情较为严重的国家或地区，系统还提供更细粒度的疫情数据。

3）科学预测疫情变化趋势（图3-91）。系统除了呈现当前时间详尽及时的疫情数据外，同时也对疫情数据的变化趋势进行了科学的预测，并以此为基础，采用人工智能

图 3-91　疫情变化趋势预测

方法对各国家和地区的区域疫情风险进行量化评估，方便用户更准确地了解世界各地的疫情现状。

4. 地理资源与生态分中心地震救灾直通车专题服务

地震灾害预警、应急响应、灾情评估、灾后救援、灾后重建规划等重点工作都需要基础地理数据库群和减灾防灾专业知识的支撑。特别是，灾后必须在第一时间规划救灾路线、疏通救援通道、运送救援物资。地理资源与生态分中心利用其积累形成的1980～2017年涵盖基础地理、地形地貌、气候、土地利用/覆盖、植被、生态区划、土壤、地震及相关灾害、人口与社会经济、遥感影像等方面的多源地震灾害数据库群，开通地震救灾直通车专题服务，快速掌握灾害数据需求、加工整理生产高质量数据资源产品、搭建专业服务系统、开通救援数据服务通道，及时有效支撑地震救灾应急、灾害评估和灾后重建等工作，2017～2019年在四川九寨沟、新疆精河、四川长宁等地震灾害事件中发挥有效作用（图3-92）。地震救灾直通车主要数据来源见表3-2。

该专题服务亮点如下：

1）数据资源类型全面，高度规范化、标准化。系统通过对受灾地区历史数据的整合集成，基于地震发生前后遥感影像进行专业数据产品加工生产，可为用户提供八大类灾区主体数据库：土地覆被/土地利用数据库、气候气象要素数据库、基础地理数据

图3-92　地震救灾直通车专题服务——四川灾区专题服务首页

表3-2　地震救灾直通车主要数据来源

数据类型	主要数据来源
基础地理（县界、乡镇界、居民点、交通、水系等）	国家测绘地理信息局、天地图、Google Earth
地形地貌	SRTM 全球高程数据
气候资源（气温、降水等）	美国国家航空航天局 TRMM 数据
土地利用 / 覆盖	全国资源环境遥感数据库，Landsat TM、ETM+、OLI
植被	中国科学院
土壤（物理、化学属性等）	全国土壤普查领导小组办公室
人口与社会经济	国家和各省（自治区、直辖市）统计年鉴
地震及相关灾害	中国科学院、中国自然资源数据库
遥感影像	美国地质调查局

注：SRTM，shuttle radar topography mission，航天飞机雷达地形测绘任务；TRMM，tropical rainfall measuring mission，热带降雨测量任务；全国资源环境遥感数据库现称资源环境遥感主题数据库服务系统

库、社会经济数据库、地形地貌数据库、遥感数据源、地质灾害数据库、地震资料数据库。所有在线服务数据均采用数据建设—数据审查—数据发布分阶段质量审查的三级架构以保障数据数量，并遵照"六位一体"（数据实体、数据样例、数据说明文档、数据缩略图、数据分类和元数据表）标准保证数据规范化和标准化发布，以提高救灾过程中数据应用的质量和效率。

2）资源获取简单快捷、服务响应迅速高效。所有整合后的数据在第一时间通过地理资源与生态专业知识服务系统（http://geo.ckcest.cn/）面向全社会服务；地震救灾直通车专题服务为用户提供"一键获取"服务模式，用户仅需登录账号，即可免费获取各类相关资源；地理资源与生态分中心还通过电话答疑、QQ 客服、微信公众号等方式在线解答用户数据获取和应用中的各类问题。为保证后台管理过程中资源服务情况可统计、服务可追溯等需要，地理资源与生态分中心建立了强大的后台管理系统，保证了所有资源下载情况可统计、可分析。

3.4.3　面向热点领域的专题服务

面向热点领域的专题服务是指针对用户关注的研究方向、重点产业，对研究热点或全产业链的相关资源进行收集、分类和加工整理，抽取和整合多类型资源，实现统一管理、知识关联和可视化展示，形成热点领域专题知识服务，服务政府、科研人员和科研机构以及产业和贸易发展，快速准确地传递行业发展趋势及最新动向，促进交

流与合作。地质分中心的地质灾害事实数据专题服务和实物地质资料图文服务、农业分中心的水稻产业专题服务、林业工程分中心的油茶专题服务、化工分中心的化工 e 点通专题服务及气象科学分中心的三维台风可视化专题服务属于面向热点领域的专题服务典型，具体如下。

1. 地质分中心地质灾害事实数据专题服务

地质灾害事实数据专题服务是一个反映全国地质灾害灾情险情事实数据的 GIS 图文应用。依托自然资源部门户网站官方发布的地质灾害灾情险情报告信息（与其联动、及时更新），采取半智能结构化数据提取手段，自动解析出网页文本信息中的灾害类别、时间、地点、灾情或险情造成的后果等要素，辅以人工审核，然后采用高德地图地理编码 API 及互联网地图 POI 地理编码数据校正，将地名信息投射到高德地图上，使用 GIS 方式呈现空间分布，最终呈现在全国分省份地图上。用户可直观了解分年度、分省份、分地质灾害类型的事实数据。该专题服务收录 2011 ～ 2019 年全国范围内发生的灾情和险情事实数据，共计 1320 余条。其亮点如下：

1）全国地质灾害灾情险情总量地区分布查看及多维查询。首页默认是 2011 ～ 2019 年全国地质灾害灾情险情累计发生情况的分布情况，用户可通过地图缩放逐级钻取查看所关注区域的累计地质灾害发生情况。可以明显地看出全国地质灾害的高发地区分布在西南地区，这与该地区复杂的地质环境、自然因素导致灾害多发的实际是吻合的。此外，还可通过右侧的多维度组合查询条件进行精确筛选查询，当前支持的组合查询条件包括年份、省份、灾害类型及关键词。

2）分年度灾情险情数据汇总概览。在地图下方的年度时间轴中，系统汇总统计了 2011 ～ 2019 年年度地质灾害灾情险情的统计数据，用户通过单击相应年度可查看当年的灾情数据。地图中红旗图标为实际地所发生的灾情或险情信息，用户可以查看具体情况介绍，也可跳转至信息来源的具体页面。

2. 地质分中心实物地质资料图文服务

实物地质资料图文服务主要基于天地图，发布全国重要实物地质资料的图文信息，包含岩心的扫描、标本高清照相、岩石薄片的显微照相等，所有数据均由国家实物地质资料馆依据《实物地质资料管理办法》和馆藏规划从全国范围内采集而来，每年采集的实物资料信息都与地质研究热点相关。这些实物地质资料信息基本涵盖典型性、系统性和代表性特点，可以满足地质工作者研究的需求，通过地质分中心知识服务系统降低了信息服务的管理成本、提高了实物地质资料数据和物理资源的利用程度。其亮点如下：

1）实物地质资料信息覆盖全国范围。数据包含 20 多万岩心、10 000 多块标本和 10 000 多块薄片的图像信息，这些信息基本涵盖国内主要构造单元、地质时期、全部重要矿种和地质工作类型的资源，图像清晰度高，并提供下载服务。

2）包含青藏高原 1 ∶ 25 万区域地质调查的实物资料信息。系统发布了青藏高原 1 ∶ 25 万区域地质调查所获得薄片的显微图像以及详细解释信息（图 3-93），青藏高原地区是我国最为典型的地质地貌单元，在世界上也有着巨大的影响力，目前已经成为多学科的研究热点地区，尤其是在地质地貌、全球变化、高原生态、旅游方面，早已引起世界各国学者的高度关注。这批薄片信息极为珍贵，具有十分重要的研究价值。

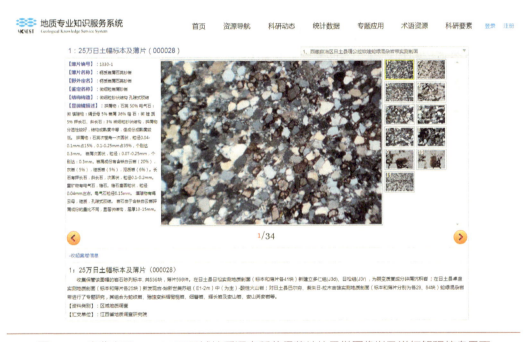

图 3-93　青藏高原 1 ∶ 25 万区域地质调查所获得薄片的显微图像以及详细解释信息界面

3）实现了全孔岩心信息的整体连续显示和岩心图像在线生成与快速浏览。在岩心图像通过网络发布的过程中，主要存在三方面问题：一是单张岩心图像太大；二是全孔岩心图像连接起来显示太长；三是岩心图像和描述信息深度计算标准不统一。系统首先利用缩略图技术将岩心图像统一压缩，然后利用图像延时加载技术（即 lazy-load）加载岩心图像信息，最后利用 Ruler 控件设置岩心深度标尺，作为岩心图像和岩性描述信息深度对比的中间组件，最终完成全孔岩心信息的整体连续显示和岩心图像在线生成与快速浏览。这些技术的使用，在岩心图像网络服务领域尚属首次。

3. 农业分中心水稻产业专题服务

以我国第一大粮食作物水稻为核心，以服务于农业领域科研人员及工作人员、提高农业领域科技创新、推动农业及相关领域的研究发展为目标，汇聚水稻品种资源、种植技术方面的数据、专家、机构资源，构建农业水稻领域知识资源平台，为从事农业水稻研究的科学工作者、研究机构快速获取农业水稻知识体系，提供一站式资源集合平台，能够快速准确地传递行业发展趋势及最新动向，促进交流与合作。用户可以根据专业关键词进行水稻产业的资源动态重组，实时关联和更新产业专题资源数据，对关联的行业专家和权威机构的科研成果进行可视化分析，清晰地向用户展示，且资源种类丰富、定期更新，时效性和权威性高。

该专题是专业定制水稻资源知识库，服务的亮点是以专业关键词汇集水稻产业相关的品种资源、期刊文献、行业专家、科研机构、农业专利、科技成果、农业百科和病虫害防治数据八大类资源，对其进行聚类展示，建设水稻资源知识库，免费开放使用，为水稻产业人员提供一站式资源集成服务（图3-94）。

图 3-94　水稻产业专题服务界面

4. 林业工程分中心油茶专题服务

油茶是我国特有的木本食用油料树种，为我国食用植物油产量平衡发挥了重要作用。2019年10月林业工程分中心研制并提供油茶专题服务，基于历年《中国林业统计年鉴》，从油茶的种苗、培育、加工利用全产业链进行相关知识的收集、分类和加工整理，实时抽取和整合了与油茶相关的国内外数据资源，包括文献、成果、专利、标准、法规、报告、专家、机构、资讯、林木良种、授权新品种和科学数据等，制作油茶专题知识应用频道，实现统一管理、知识关联和可视化展示，图文展示油茶相关数据资源和数据分析结果，构建油茶知识图谱，探索行业知识图谱应用，为我国油茶产业发展提供数据支撑和知识服务。其亮点如下：

1）采用专题数据自动抽取、聚类和页面定制技术，通过后台配置与专题相关的关键词、学科分类和数据库等要素，快速生成风格多样的油茶专题服务首页（图3-95），包括油茶动态、图片新闻、推广成果、油茶政策、资源统计分析、油茶词云等，各模块能够图文并茂地展示相关的数据资源，且数据每日更新。

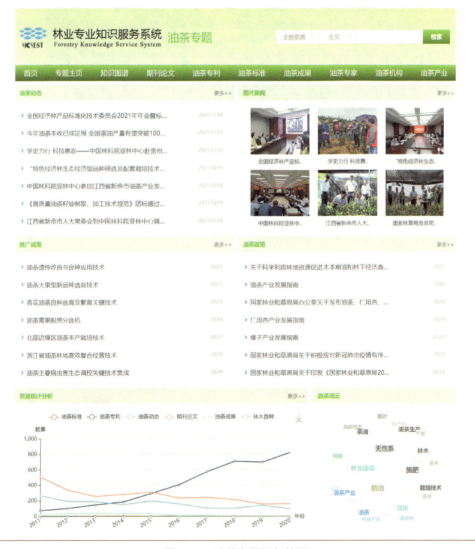

图 3-95　油茶专题服务首页

　　2）基于油茶不同知识维度、分类体系的数据，构建油茶知识图谱的实体、属性和关系，以 RDF 三元组①的形式表示，其基本形式为对象－属性－属性值（如＜油茶－上位词－山茶属＞），利用 Neo4j 图形库进行存储，研制油茶知识图谱，实现语义搜索和知识图谱的知识关联和可视化展示（图3-96）。图3-97 展示了作者"陈永忠"的

图 3-96　油茶知识图谱查询页面

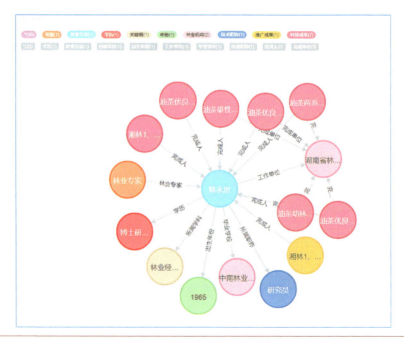

图 3-97　作者"陈永忠"的知识图谱示例

---

① RDF 三元组是一种用于描述 Web 资源的标记语言。

知识图谱。油茶知识图谱构建实现了行业知识图谱应用，服务于国家重大科技战略，促进林业产业发展，为我国油茶产业发展提供数据支撑和知识服务。

5. 化工分中心化工 e 点通专题服务

化工 e 点通专题服务以产品为中心，一站式地为用户提供有关该产品的物性、厂家、精品文献、进出口贸易数据等信息。不同类型的数据通过人工标引的方式进行关联，用户能够了解到有关该产品的各类相关度较高的资源信息，各类资源以列表、图形等可视化的形式进行展示，突出各类资源本身的内容特色。其亮点如下：

1) 基于中国化工信息中心自有数据、《化学化工大辞典》、《中国化工产品目录》、国际权威 Global Trade Tracker 数据库，各国官方统计数据，实现了 7 大类近 50 种化工产品的科技及商业资源整合以及更新，以及这些资源的动态组合查询与可视化展示。图 3-98 展示了进出口商信息，可以为用户提供竞争对手、供应商或者合作伙伴的贸易动向。

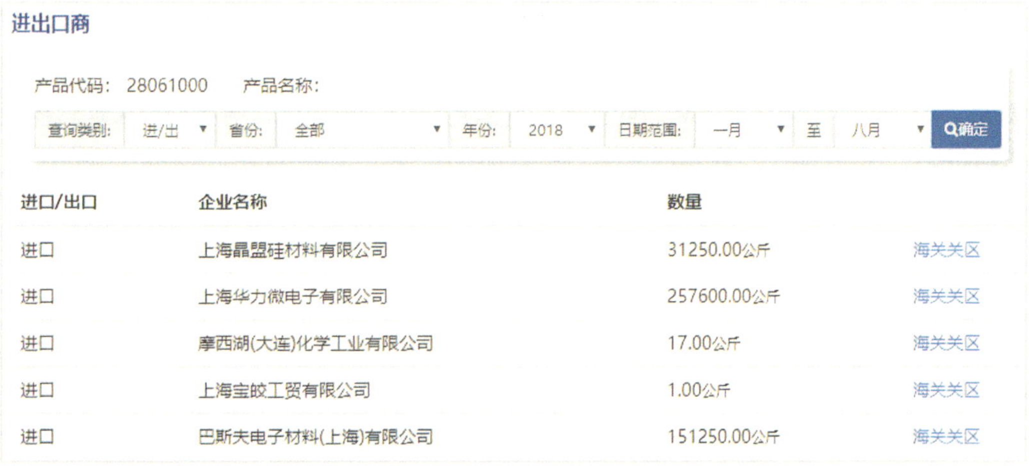

进口/出口	企业名称	数量	
进口	上海晶盟硅材料有限公司	31250.00公斤	海关关区
进口	上海华力微电子有限公司	257600.00公斤	海关关区
进口	摩西湖(大连)化学工业有限公司	17.00公斤	海关关区
进口	上海宝皎工贸有限公司	1.00公斤	海关关区
进口	巴斯夫电子材料(上海)有限公司	151250.00公斤	海关关区

图 3-98　进出口商信息列表

2) 基于复杂网络分析理论，利用数据抽取、主题聚类技术，采用人工弱干预的方式，实现了产品与全球海关、贸易、进出口商数据的精准匹配，以及产品与文献资源的关联，使用户通过产品即可一站式获取海关、贸易、进出口商、文献等多类型资源信息。

6. 气象科学分中心三维台风可视化专题服务

三维台风可视化专题服务建立了滚动渲染三维气象数据以跟踪展示台风影响区域气象系统三维演变动画制作的业务流程，利用台风个例的高交互界面，充分发挥气象专业知识领域基础数据资源优势和可视化技术优势，推进了三维气象数据的可视化应用和气象知识领域的拓展创新，充分体现了复杂气象系统的演变过程和多要素立体耦合结构的美感，并能辅助科研业务人员进行天气过程的快速分析，且有助于社会公众获取气象科普知识。其亮点如下：

1）基于国家气象信息中心自主研发的"中国第一代全球大气再分析数据"高分辨率的三维气象数据产品，以中央气象台实时发布的台风预报为触发条件，建立高效处理全球大气再分析数据的流水作业，进行了台风影响区域数据剪裁、数据预处理、渲染模型调用、可视化引擎驱动，完成了台风三维图像制作和实时发布，展示了每一个台风的发展生消过程，生动地渲染了台风风眼构造、高层抽吸作用及台风强度变化。

2）研制了具备高灵活性、多视角度、强渲染力特性的台风三维可视化工具包，包括数据渲染、视角定制、产品加工三大模块。数据渲染模块可以处理不同存储格式的气象数据，具有丰富的投影参数信息，可以加载不同投影坐标系的气象数据，具有强大的数据承载能力，可以渲染高维度、高分辨率气象数据。视角定制模块支持用户可通过平移、放缩、旋转设定调整数据观察视角，可通过调节特征值连续观察要素的三维等值面，可通过优化配色方案突出数据的内部结构特征。产品加工模块实现了一次天气过程的各类气象要素特征可通过不同图层表现，利用风矢、流线、等值线、等值面、截面、体等多种渲染方案或离散或抽样或连续地渲染气象数据，更完整地表现气象要素特征。

第 **4** 章

总结与启示

4.1 知识服务特征分析

4.1.1 主流知识服务平台案例显著特征

1. 数据源公开透明且可免费获取

国外主流知识服务平台的数据资源大部分为开放数据资源，且标明了数据来源（如数据来源网址信息）及更新维护情况。例如，约翰斯·霍普金斯大学新冠肺炎疫情专题服务、ELIXIR 工具平台的 bio.tools 数据资源均存储在 GitHub 开源社区，通过 GitHub 可对其进行更新维护及共享；Semantic Scholar 学术搜索、TCG、TAIR、ELIXIR 工具平台 OpenEBench 均提供 API 获取数据。

2. 数据资源范围广、类型多、内容翔实

数据资源时间跨度长、连续性好、类型多、内容丰富。例如，Yewno 知识发现工具涉及金融、教育、出版、政府、生命科学等领域，并拥有丰富的数据资源；Semantic Scholar 学术搜索引擎的数据资源涵盖几乎所有科学领域；Magi 智能搜索引擎收录互联网上的海量文本，并基于 AI 技术学习文本中蕴含的知识和数据；PubMed 文献服务平台提供 1950 年以来 70 多个国家和地区的约 5000 种生物医学期刊的文摘或全文；万方数据知识服务平台的万方分析覆盖全领域学术论文、期刊论文、学位论文、会议论文、科技报告、科技成果、专利等数据资源，科慧收录了全领域的出版物、科研人员、承担机构、科研项目、申报指南、学科领域、资助机构的数据资源。

3. 资源建设模式新，用户参与资源建设

通过以用户为中心，基于用户、社区驱动的理念，实现资源利用、评价、维护及监控，提升用户参与度及服务热度。例如，ELIXIR 引用的 EDMA 本体，用户可编辑扩展修改，从而与用户共同维护本体的构建与扩展，提高用户参与度，提升了本体的可信度；bio.tools 所有工具资源均通过 GitHub 等开源社区，并且由用户参与管理和服务，共同维护和使用，通过与用户共建的方式，使资源越来越完备，且用户也会随之增加；基于社区的 OpenEBench 基准测试，体现了测试监控的公平公正公开；TAIR 采用"社区驱动＋用户参与＋第三方协作"模式来实现资源数据扩充，提供用户评论、维护、

完善功能，提供基于社区的用户基因数据注册提交功能，让用户参与资源建设与服务，实现期刊合作模式创新，提升用户参与度和 TAIR 的热度；万方引入用户、社区驱动的理念，构建了创新社区、我的学术圈等服务功能，方便用户交流及学术共享。

4. 高度重视知识组织体系的工程化应用

基于本体的深层次、精细化加工、挖掘与关联，能够不断加强各种细粒度知识单元与语义关系的显示和组织。例如，ELIXIR 的 bio.tools 工具平台基于 EDAM 本体对主题、操作、数据类型、格式等进行划分与规范；基于本体的 TAIR 数据资源服务实现了基因、克隆、种质、文献等多类型数据资源的深度标引与细粒度知识单元的揭示。

5. 采用多种技术，实现跨资源类型的互操作及跨平台的互联互通

多个知识服务平台采用了本体构建、文本挖掘、标引等技术，以实现跨资源类型的互操作，或者跨平台的互联互通。例如，Semantic Scholar 学术搜索引擎中将文献与试验数据等资源进行关联；ELIXIR 开发了互操作性平台（EIP）；ELIXIR 核心数据资源 Europe PMC 实现了与其他核心数据资源（如蛋白质和化合物数据库 UniProt、蛋白质数据库 PDBe、欧洲核苷酸档案 ENA 等）的关联；TAIR 数据服务中基因数据关联了 GO、PO、克隆、种质、文献等多类型数据资源；基于 FAIR 服务框架的 ELIXIR 实现了互操作性资源的互联互通，bio.tools 与 OpenEBench、出版物间的互联。

6. 实现了人工智能技术的场景化实施

第一，提供基于人工智能驱动的智能解决方案。结合实际场景，采用人工智能等技术，提供投资策略分析、风险评估分析、数据在线研究终端等功能。例如，Yewno 知识发现工具推出的疫情下投资风险分析和数据在线研究终端。第二，提供基于人工智能的学术搜索，实现多维度知识发现及影响力评价。例如，Semantic Scholar 影响力评价功能，基于系统在理解文献内容的基础上衡量科学家或科研组织在该领域对其后续研究的影响力。第三，采用机器学习、知识图谱等人工智能技术，为用户提供结构化查询结果，实现精准知识发现服务。例如，Magi 智能搜索引擎的知识图谱结构化检索。

7. 开展了多维度挖掘分析，知识服务成果产出形式多样

多个知识服务平台基于海量资源研制了丰富的知识服务产品。例如，TCG 专题服务从内容及形式上实现了专题的全流程全方位揭示，功能模块明确，脉络清晰，数据易获取且可视化展示友好。又如，万方数据知识服务平台的万方分析从主题、学者、机构、期刊、学科、地区等维度进行了多维度统计、个性化对比、可视化展示，形成

主题分析报告、学者分析报告、机构分析报告等；科慧基于出版物、科研人员、承担机构、科研项目等资源，开展科学领域分布、基金资助态势、科研资金资助流向等多维度分析挖掘，形成了丰富的多类型多领域的案例报告。

4.1.2 中国工程科技知识中心知识服务实践案例显著特征

中国工程科技知识中心在知识服务实践探索方面取得了长足发展、成效显著。参与建设的各分中心能充分结合专业领域数据资源优势、专业技术特长，面向本领域重点用户群体和社会大众，探索研发了多维度、多类型、多层次和多形态的工程科技知识服务系列产品，并面向多类型用户开展了个性化、定制化的知识服务，有力支撑了数据密集型科研创新、管理决策，取得了显著的社会效益。

通过上述中国工程科技知识中心知识服务实践案例分析发现，各分中心在发挥专业优势和特色的同时，也进一步验证和体现了在大数据智能时代的环境下，知识服务产品将具备但不限于以下几类特征。

1. 总分联盟组织模式

中国工程科技知识中心知识服务系统由中国工程院牵头，紧密联合近 40 家国家级研究院、各部委情报所、行业信息中心及协会、学会、大型企业等作为协建单位，规模大、领域广。中国工程科技知识中心包括总平台、技术研发中心和领域分中心，总平台负责技术、功能的集成，打造跨领域知识服务；技术研发中心建设知识图谱和开发通用的知识工具，并迁移到分平台和总平台使用；领域分中心负责本领域知识应用和知识工具的开发，并面向本领域提供知识服务。总分联盟组织模式为知识服务的技术开发、服务推广开启了很好的实践。

2. 知识服务类型多样化

中国工程科技知识中心知识服务系统开展了多层面、多类型的知识服务，包括面向个性化需求的分析挖掘服务、面向普惠需求的智能识别智能检索服务、面向特定主题的精细化专题服务等。

3. 资源丰富且具特色、数据权威、连续性好、时效性强

中国工程科技知识中心知识服务系统不仅包含文献、专利、成果、报告等通用资源，还包含理、工、农、医等领域特色资源，如中国森林资源、环境健康、肿瘤、医药卫生、气象、地理信息资源、地质、农产品、化工产品贸易信息等。系统收录的数据资源均

来自国内、国际权威机构和网站，如国家林业和草原局、中国气象局、国家癌症中心、中国人民解放军总医院、中国人民解放军海军总医院、国际癌症研究机构、联合国粮食及农业组织等。

4. 分析内容不断深入，关键技术不断创新

第一，中国工程科技知识中心知识服务系统采用复杂网络分析、社区划分分析、多维尺度分析、推算预报数据模型、插值模型、聚类分析等方法，实现各类特色资源的个性化智能分析及监测预报预警。第二，中国工程科技知识中心知识服务系统通过实体识别、语义标注、关系抽取等技术，构建领域知识图谱，实现领域内、领域间各类资源的关联打通，如专家学术圈、专家 / 机构关系网、知识图谱应用等，为用户提供智能搜索和关联分析服务。第三，中国工程科技知识中心知识服务系统采用迁移学习、TF–IDF 等机器学习及深度学习的人工智能技术，研发了系列智能识别和检索工具，如版图智检、识鱼、专题数据快速空间化工具。

5. 通过良好的可视化技术引导，结果呈现的互动性好

中国工程科技知识中心知识服务系统利用 ECharts、WebGIS、Ant Design、WebGL 等技术实现数据和关系可视化展示，如关系图、矩形树图、地理坐标图、折线图、柱状图、卫星地图等，将不可见的数据现象转化为可见的图形符号，用大众能理解的图形语言来描述数据的内涵，实现基于空间位置的专家、机构学术合作关系的时空变化可视化展示。

6. 服务群体广、效果较好

分中心知识服务产品对政府、企业、产业、科研工作者、普通用户均提供了有效的知识服务。面向个性化需求的分析挖掘服务助力产业，助力科研；面向普惠需求的智能识别、智能检索服务为科研人员和其他用户提供了一个良好的效率提升和知识传播工具；专题知识服务为政府提供了及时高效的应急与保障服务，支撑重大战略决策。

4.2 开展知识服务的启示与建议

通过国内外知识服务典型案例剖析，对其他机构或平台开展知识服务提出以下几点启示与建议：

4.2.1 提高资源质量，注重数据加工标注与组织

数据资源质量是开展知识服务的基础和前提，主要包括资源的权威性、全序列、高质量、特色性。在大数据时代，数据的权威、可靠、连续对于科研和企事业活动具有极其重要的意义，建设特色的数据资源对于平台和数据使用者而言具有极其重要的价值。

数据资源的深度加工是发挥数据价值的基础，应加强数据细粒度加工、深度标注和组织。对数据资源精细化加工、标引和标注，可以提升数据资源揭示的整合层次和深度，为建立各种细粒度知识单元与语义关系奠定基础。

4.2.2 加强技术创新应用，实现技术泛在赋能

知识服务的根本是要为用户提供知识，其中技术的创新与应用非常关键。加强大数据人工智能等技术创新集成应用，实现技术泛在赋能，既可以满足用户的知识之需，也能推动国家的技术创新与应用。

加强资源的统一搜索技术，提升资源的统一发现服务水平。统一搜索可以实现对多源异构资源的统一发现，加强搜索技术的研发与应用，深入搜索策略研究，提高资源发现和聚合能力。

加强知识服务工具的开发。根据用户群体及应用需求，研发具有针对性、实用性和智能性的知识应用，加强知识发现、知识处理、知识服务等共性技术工具的研究应用，实现技术赋能。加强机器学习、知识图谱、神经网络、TF-IDF 等大数据与人工智能技术的进一步落地和场景化实施，提供更加智能化、精准化的知识服务。

加强知识组织体系工程化应用。加强本体、标引等知识组织工具的工程化应用，利用知识图谱等成熟技术实现资源间、平台间的互联互通，支撑各类资源的有效组织、发现与应用。

4.2.3 封装知识产品，打造品牌

对知识服务进行产品化运营，打造拳头产品，纵深推进多场景、一体化服务，打造一批标杆、旗舰知识服务品牌。

知识服务典型案例移植。基于目前调研的国内外知识服务典型案例，采用"典型示范＋推广应用"的模式，聚焦目标用户，找准知识服务切入点，通过典型案例移植

的模式打造品牌，提升知识服务质量。

优化"线上 + 线下"相结合的特色服务模式。调研用户需求，让用户参与到知识服务过程中，提升服务完备性、针对性和适用性；将已有的特色资源服务从资源、应用、服务等方面进行全面完善升级，打造特色精品服务。

4.2.4　探索跨领域融合知识服务，打造知识服务新业态

随着交叉学科的发展，不同领域数据之间融合产生的价值越来越大，因此跨领域知识服务是大势所趋。

建立跨领域知识服务新机制。可借鉴中国工程科技知识中心的总分联盟组织模式，建设新型联盟体制，既可以发挥各专业机构的领域优势，又能集合整体的力量"做大事"。实现技术研发、资源汇聚、资源组织标注和知识服务运营应用的联盟组合体，发挥更大的能力。

建立"领域专家 + 技术专家"机制。引入"领域专家 + 技术专家"机制，共同审核跨领域资源，并定期对其质量进行评估审核，做好跨领域资源获取等方面的沟通协调工作，通过技术优势与领域专家优势相结合的方式促进知识服务的推广合作。

探索"以应用促整合"跨领域知识融合模式。随着交叉学科和战略性新兴产业的发展，新的知识需求增长点快速出现，在人工智能技术的推动下，跨领域知识组合模式也应运而生。充分利用大数据和人工智能技术的成果，实现不同领域数据资源的融合，产生跨领域新知识，打造知识服务的新业态。

参考文献

陈红梅，2004．基于系统的图书馆网络知识服务模式设计 [J]. 大学图书馆学报，(5)：34-37，70.

陈燕方，2018. 基于多粒度的图书馆知识服务创新 [J]. 数字图书馆论坛，(3)：25-30.

贾玲，2013. 图书馆知识服务探析 [J]. 情报资料工作，2：97-100.

姜永常，2001. 论知识服务与信息服务 [J]. 情报学报，5：572-578.

靳红，程宏，2004. 图书馆知识服务研究综述 [J]. 情报杂志，8：8-10.

柯平，2019. 后知识服务时代：理念、视域与转型 [J]. 图书情报工作，63(1)：36-40.

柯平，2020. 后知识服务时代的图书馆服务创新 [J]. 高校图书馆工作，40(1)：1-8.

柯平，邹金汇，2019. 后知识服务时代的图书馆转型 [J]. 中国图书馆学报，45(1)：4-17.

黎艳，2003. 信息服务向知识服务转变的探析 [J]. 图书情报工作，2：31-34，25.

李家清，2004．知识服务的特征及模式研究 [J]. 情报资料工作，(2)：16-18，8.

李霞，樊治平，冯博，2007. 知识服务的概念、特征与模式 [J]. 情报科学，10：1584-1587.

刘昆，2007. 基于语义 Web 的知识服务研究 [D]. 长春：吉林大学．

刘秀兰，2004. 谈图书馆深入开展知识服务 [J]. 现代情报，2：7-8，11.

罗彩冬，靳红，杨咏梅，等，2004. 高校图书馆开展知识服务的运营思路和方式之探讨 [J]. 高校图书情报，11：86-88.

麦淑平，2010. 图书馆知识服务模式研究 [J]. 图书馆建设，6：72-75.

麦淑平，刘泉，李珊，等，2010. 图书馆知识服务发展历程概述及趋势探讨 [J]. 现代情报，30(7)：66-68.

庞爱国，2005. 基于图书馆知识管理的知识服务 [J]. 图书馆学刊，2：78-79.

彭以祺，吴波尔，沈仲祺，2016. 国家科技图书文献中心"十三五"发展规划 [J]. 数字图书馆论坛，11：12-20.

戚建林，2003. 论图书情报机构的信息服务与知识服务 [J]. 河南图书馆学刊，23(2)：37-38.

孙成江，吴正荆，2002. 知识、知识管理与网络信息知识服务 [J]. 情报资料工作，4：10-12.

孙赫男，2018. 人工智能技术与学术和专业出版的融合发展 [J]. 新观察，313：34-36.

滕彦霞，2009. PubMed 检索 [J]. 青岛医药卫生，41(4)：318-319.

田红梅，2003. 试论图书馆从信息服务走向知识服务 [J]. 情报理论与实践，4：312-314.

王波，2019. 基于内容导向的图书馆知识服务模式研究 [J]. 晋图学刊，2：17-21.

王兰成，蓝天，2011. 面向档案信息服务的知识管理平台探析 [J]. 浙江档案，(9)：25-28.

王芹，2009. 图书馆传统知识与现代知识服务模式比较分析 [J]. 农业图书情报学刊，21(4)：137-140.

王曰芬，张柏瑞，周玒宇，2018. 知识服务研究状况及在大数据环境下的研究趋向 [J]. 数字图书馆论坛，3：12-19.

夏立新，韩永青，邓胜利，2008. 基于知识供应链的知识服务模型研究 [J]. 中国图书馆学报，2：60-64，72.

谢智敏，郭倩玲，2017. 基于深度学习的学术搜索引擎——Semantic Scholar[J]. 情报杂志，36(8)：175-182.

杨洋，田辛玲，2019. 基于知识管理的科技期刊网络采编系统研究 [J]. 情报科学，37(7)：101-105.

张宏伟，宋菲菲，陶红燕，等，2019. 基于世界知识大数据的学术期刊出版、传播与利用 [J]. 科技与出版，6：79-83.

张晓林，2000. 走向知识服务：寻找新世纪图书情报工作的生长点 [J]. 中国图书馆学报，5：30-35.

张秀珍，裴非，2002. 网络环境下的知识服务 [J]. 情报科学，12(20)：1266-1267.

钟金梅，钟梦姣，2001. 论图书馆及图书馆人在知识创新体系中的职能与作用 [J]. 黄冈师范学院学报，6：95-96.

朱鹏，2019. 基于知识图谱的知识导航服务研究 [J]. 无线互联科技，16(3)：123-124.

Clair G S, 2001. Knowledge services: your company's key to performance excellence[J]. Information Outlook, 5(6): 6-8.

Clair G S, Levy B. 2020.The Knowledge Services Handbook：A Guide for the Knowledge Strategist[EB/OL]. https://www.degruyter.com/document/doi/10.1515/9783110635577/html[2022-03-22].

Kuusisto J, Meyer M, 2003. Insights into Services and Innovation in the Knowledge Intensive Economy[EB/OL]. https://www.academia.edu/4832156/Insights_into_ Services_and_Innovation_in_the_Knowledge_Intensive_Economy[2022-03-22].

Rath A S, Weber N, Kröll M, et al. 2008. Context-Aware Knowledge Services[EB/OL]. https://citeseerx.ist.psu.edu/viewdoc/download;jsessionid=E9249B4593B2DDDCE79 A4629AD2E394D?doi=10.1.1.465.1138&rep=rep1&type=pdf [2022-03-22] .

UNDP, 2014. UNDP Knowledge Management Strategy Framework. https://www.undp.org/ content/dam/undp/library/capacity-development/English/UNDP%20Knowledge%20 Strategy%20Report%202502-2%20LR%202,7MB.pdf[2022-03-22].